Premiers pas

Transformation culturelle de l'école en communauté d'apprentissage professionnelle

Robert Eaker
Richard DuFour
Rebecca DuFour

National Educational Service
Bloomington, Indiana

Titre original :
*Getting Started: Reculturing Schools to become
Professional Learning Communities*
© National Educational Service, 2002
304 West Kirkwood Avenue, Suite 2
Bloomington, Indiana 47404-5132
(812) 336-7700
1 800 733-6786 (sans frais)
Télécopieur : (812) 336-7790
Courriel : nes@nesonline.com
www.nesonline.com

Traduction Marie Lauzon

Pour la traduction française :
© National Educational Service, 2004

Tous droits réservés. Toute reproduction de ce livre, en totalité ou en partie, par quelque moyen que ce soit, est interdite sans l'autorisation de l'éditeur.

Conception graphique de la couverture : Grannan Graphic Design, Ltd.
Composition du texte : T.G. Design Group

Imprimé aux États-Unis

Imprimé sur du papier recyclé

ISBN 1-932127-20-8

Dédicaces

Cet ouvrage est dédié à ma femme, Star, à mes enfants, Robin et Carrie, et à la mémoire de mes parents, Raymond et Jewell Eaker. Ma plus vive reconnaissance aussi à Jerry et Elner Bellon pour ces nombreuses années d'encouragement, de soutien et d'amitié.

— Robert Eaker

Je dédie ce livre à mes co-auteurs, Rebecca et Robert, qui ont su tous deux enrichir ma vie, tant sur le plan personnel que professionnel.

— Richard DuFour

À Hannah et Richard, et à tous ceux qui, comme eux, se dévouent constamment dans le but d'aider les autres à réaliser leurs rêves.

— Rebecca DuFour

Table des matières

Les auteurs vii

Avant-propos
Un engagement envers l'amélioration du système scolaire xi

Introduction
Premiers pas : cadre conceptuel pour l'établissement d'une communauté d'apprentissage professionnelle 1
Robert Eaker, Richard DuFour et Rebecca DuFour

Chapitre 1
Changements culturels : transformer nos écoles en communautés d'apprentissage professionnelles 11
Robert Eaker

Chapitre 2
Temps, perspectives et priorités 37
Richard DuFour

Chapitre 3
Sur le terrain : école primaire Boones Mill 69
Rebecca DuFour

Chapitre 4
Une entrevue avec les auteurs 93

Chapitre 5
  Appel à l'action 127
  Robert Eaker, Richard DuFour et Rebecca DuFour

Chapitre 6
  Outils et modèles 133

Chapitre 7
  Études de cas 189

Bibliographie 219

Les auteurs

Robert Eaker, D.Éd., est vice-président administratif et vice-recteur à la Middle Tennessee State University. Ancien membre du National Center for Effective Schools Research and Development, il a écrit de nombreux ouvrages portant sur l'efficacité de l'enseignement et des écoles, l'application des résultats de la recherche par les enseignants et les exigences de rendement des écoliers. Avec Richard DuFour, il a écrit *Creating the New American School* (National Educational Service, 1992) et *Professional Learning Communities at Work* (National Educational Service, 1998, traduction française : *Communautés d'apprentissage professionnelles : méthodes d'amélioration du rendement scolaire*, 2004). Robert Eaker a été conférencier invité auprès de nombreuses associations pan-nationales aux États-Unis, telles que la National Association of Secondary School Principals et l'Association for Supervision and Curriculum Development. Il a également été choisi par l'association Phi Delta Kappa en tant qu'invité dans le cadre de la série d'entrevues « People in Educational Evaluation and Research » publiée dans le numéro d'octobre 1986 de la revue *Phi Delta Kappan*. Monsieur Eaker offre régulièrement ses services de consultation sur l'amélioration des écoles à des districts scolaires à travers les États-Unis.

Richard DuFour, D.Éd., est surintendant du district d'écoles secondaires 125 Adlai Stevenson, à Lincolnshire, en Illinois. Alors qu'il en était le directeur, Adlai Stevenson High School est devenue l'une des écoles secondaires les plus réputées et admirées des États-Unis. Il est titulaire des grands prix de mérite accordés par l'Illinois, tant à titre de directeur d'école qu'à celui de surintendant du district. Il a également reçu le prix « Distinguished Alumni Award » de l'Illinois State University et a fait partie de la liste des 100 meilleurs administrateurs scolaires publiée par la revue *Executive Educator*.

Monsieur DuFour a participé au développement d'une série de documents vidéo sur le rôle du directeur d'école pour l'Association of Supervision and Curriculum Development et contribue au *Journal of Staff Development* en tant que chroniqueur invité. Il a publié quatre livres et plus de cinquante articles spécialisés. Par ses services de consultation, il a su aider plusieurs associations professionnelles et ministères de l'éducation d'États américains ainsi que de nombreux districts scolaires, tant au Canada qu'aux États-Unis.

Rebecca DuFour, M.Éd., est actuellement directrice de l'école primaire Boones Mill, à Boones Mill, en Virginie. Elle compte quinze ans d'expérience en pédagogie, à titre d'enseignante et de gestionnaire, tant au niveau de l'école qu'à celui du district. Madame DuFour a obtenu sa maîtrise en leadership et politique de l'enseignement (Educational Leadership and Policy Studies) à la University of Virginia. Elle est également diplômée de l'Academy X du National Staff Development Council.

Madame DuFour est l'un des directeurs d'école faisant l'objet de la série de documentaires vidéo *Effective Leadership in an Era of High Standards*. Elle a donné de nombreuses conférences sur le modèle de l'école en tant que communauté d'apprentissage professionnelle (CAP) dans divers États, ainsi qu'au Canada ; elle est l'un des conférenciers-vedettes des instituts du National Educational Service sur les CAP.

Avant-propos

Un engagement envers l'amélioration du système scolaire

Le National Educational Service (NES) entamait sa collaboration avec Richard DuFour et Robert Eaker il y a plus de dix ans, alors que le NES publiait *The Principal as Staff Developer*, écrit par Richard DuFour et édité par Dennis Sparks, directeur exécutif du National Staff Development Council. Le livre qui allait y faire suite, *Creating the New American School*, écrit par Richard DuFour et Robert Eaker, fut publié en 1992. C'était le début de ce qui allait devenir une collaboration exceptionnelle entre le NES et deux des plus grands pédagogues des États-Unis.

Richard et Robert allaient ensuite distiller le travail de leurs deux carrières et publier le résultat en 1998, sous le titre *Professional Learning Communities at Work: Best Practices for Enhancing Student Achievement* (traduction française : *Communautés d'apprentissage professionnelles : méthodes d'amélioration du rendement scolaire*, 2004). Alors que le livre n'en était encore qu'au stade de l'ébauche, l'Association for Supervision and Curriculum Development (ASCD) le reconnut comme étant un outil d'une valeur exceptionnelle. L'ASCD s'est donc associée au NES pour la première parution ; le logo de l'ASCD apparaît toujours sur la page de titre de l'ouvrage. Aujourd'hui encore, *Professional Learning Communities at Work* figure parmi les principales ressources qu'offre l'ASCD.

Au printemps 1998, le NES tenait sa première série de conférences sur les communautés d'apprentissage professionnelles (CAP) à Chicago, présentant le modèle à plus de 500 participants. Suivit notre premier stage d'été CAP à Tremblant, au Québec. De là, le nombre de demandes de renseignements sur les communautés d'apprentissage professionnelles a continué de croître à un rythme étonnant. En réponse à cette soif d'information, la série vidéo *Professional Learning Communities* fut produite en août 1999. Cette série de trois vidéocassettes, accompagnée d'un guide de l'animateur, a depuis été utilisée dans des milliers d'écoles partout aux États-Unis. Elle est encore très en demande.

L'intérêt envers le stage d'été CAP et le nombre de participants inscrits ne cessant d'augmenter, le NES choisit de changer le lieu de l'événement. En 1999, il se tenait à Hilton Head, en Caroline du Sud. En 2000, il déménageait à Lincolnshire, en Illinois, afin de se tenir au Lincolnshire Marriott et à l'école secondaire Adlai Stevenson. En effet, le choix de Lincolnshire permettait non seulement de présenter le modèle CAP, mais également de mettre en valeur l'excellence des installations de l'école Adlai Stevenson, qui sont le fruit de sa mise en œuvre. La demande étant croissante pour le stage d'été CAP, on a élu de tenir l'événement à deux endroits en 2002 : à Lincolnshire et, parallèlement, à San Diego, en Californie. Un congrès fut également planifié pour l'automne de la même année à Houston, au Texas. D'autres États se sont portés candidats pour la tenue de stages en 2003 et les années suivantes, intérêt grandissant qui permettra au NES d'élargir son déploiement et de toucher de plus en plus d'enseignants partout aux États-Unis.

Au cours du stage d'été de 2001, le NES offrait aux participants une reproduction sur vidéocassette des présentations inaugurales de Robert Eaker, Richard DuFour et Rebecca DuFour. La popularité de ces bandes vidéo et de la transcription des trois présentations fut renversante. De nombreux participants demandèrent également une transcription de la période de questions structurée qui concluait le stage. En réponse à la demande de transcriptions et pour offrir une vue d'ensemble du modèle CAP, nous avons collaboré avec Robert, Richard et Rebecca à la rédaction de ce livre, *Premiers pas : transformation culturelle de l'école en communauté d'apprentissage professionnelle.* Je n'ai aucun doute que cet outil exceptionnel vous servira tout au long de votre démarche en vue de transformer votre établissement en communauté d'apprentissage professionnelle.

Le NES est plus que fier d'être le berceau d'un des meilleurs modèles d'amélioration du système scolaire qui soient : la communauté d'apprentissage professionnelle. Nos livres, séries vidéo, congrès, stages d'été et services de développement professionnel sur le modèle CAP nous permettent d'aider des dizaines de milliers de pédagogues à définir et à atteindre leurs objectifs. En association avec les auteurs de ce livre, nous ne doutons pas de notre capacité de contribuer au travail des enseignants et à la réussite des élèves. Richard, Robert et Rebecca ne sont pas seulement nos partenaires et collègues : ce sont également de bons amis. Ces trois personnes exceptionnelles comptent parmi les fleurons du domaine de l'éducation ; nous ne pourrions demander de meilleurs collaborateurs.

— Jeffrey C. Jones
Éditeur et président
National Educational Service

Introduction

Premiers pas : cadre conceptuel pour l'établissement d'une communauté d'apprentissage professionnelle

Avec la publication, en 1998, de *Professional Learning Communities at Work: Best Practices for Enhancing Student Achievement**, nous mettions de l'avant que la meilleure stratégie à adopter pour l'amélioration des écoles était de développer la capacité du personnel enseignant de fonctionner en tant que communauté d'apprentissage professionnelle (CAP). Notre position était appuyée par un consensus dans le milieu de la recherche, tant dans le milieu pédagogique qu'ailleurs, voulant que les caractéristiques propres à une CAP soient essentielles à l'amélioration de toute organisation humaine. Le livre illustrait les principes sous-jacents du modèle, en termes réels et appliqués au monde de l'éducation, et offrait aux pédagogues des stratégies et des outils permettant d'entamer la transition de l'école vers une CAP.

* Traduction française : *Communautés d'apprentissage professionnelles : méthodes d'amélioration du rendement scolaire*, National Educational Service, 2004.

Depuis, nous avons collaboré avec divers districts scolaires, départements d'État et associations professionnelles partout aux États-Unis et au Canada, afin de les soutenir dans la mise en œuvre des principes de la CAP. La réaction des principaux intéressés a été on ne peut plus positive. En effet, les idées sous-jacentes au modèle CAP font vibrer la corde sensible des éducateurs. La plupart du temps, il suffit de peu pour les convaincre qu'à la fois les élèves et les enseignants bénéficient des changements effectués lorsqu'une école fonctionne en communauté d'apprentissage.

L'enthousiasme généré par le modèle CAP est souvent refroidi, cependant, par l'incertitude des éducateurs face à leur capacité d'établir une communauté d'apprentissage dans leur propre milieu. Ils se demandent en effet si leur école ou leur commission scolaire détient les ressources, les compétences, le leadership et la volonté nécessaires pour faire face aux défis inhérents à la transformation culturelle d'une école. Bien que ces éducateurs adoptent d'emblée les idées du modèle CAP, le niveau de confiance requis pour passer de l'abstraction à la réalisation dans leur propre environnement est souvent insuffisant. Il arrive donc souvent que les participants de nos ateliers recherchent un processus bien défini, étape par étape, enfin une sorte de « recette » qui pourrait leur servir à établir une CAP dans leur propre école.

Malheureusement, cette recette n'existe pas. Il n'existe ni solution miracle, ni solution rapide pour la mise en œuvre d'une CAP. De par leur nature, les changements organisationnels et culturels permettant de transformer l'école traditionnelle en une communauté d'apprentissage sont complexes et non linéaires. Les progrès sont habituellement cumulatifs et, plutôt que de se manifester de manière séquentielle et efficace, apparaissent davantage par sauts et par bonds. En outre, ils sont souvent accompagnés d'un peu de confusion et d'une certaine redondance.

Cependant, bien que ceux qui mettent en œuvre le modèle CAP n'aient pas accès à une recette infaillible, ils disposent d'un cadre conceptuel fiable pour orienter leurs efforts. Les éléments de ce cadre représentent la façon dont une école fonctionne en tant que CAP. Lorsqu'une école se réfère à ce cadre conceptuel en s'engageant dans le processus d'amélioration, elle dispose d'un modèle qui lui permet d'évaluer ses efforts.

Le cadre conceptuel CAP se divise en trois thèmes principaux qui se retrouveront à la fois dans les politiques, les programmes et les méthodes de l'école ou de la commission scolaire. Ces thèmes sont les suivants : (1) une base solide composée d'une mission, d'une vision, de valeurs et d'objectifs communs développés en collaboration ; (2) des équipes interdépendantes travaillant ensemble à des objectifs communs ; (3) une orientation vers les résultats, signe d'un engagement envers une amélioration continuelle.

Établir les bases d'une CAP : mission, vision, valeurs et objectifs communs

Une école ne peut fonctionner en tant que CAP tant que son personnel ne s'est pas posé certaines questions difficiles, qui lui permettront d'orienter à la fois l'école en tant qu'organisation et les personnes qui la composent. Quelle est la raison d'être, ou la fonction, de notre établissement ? Que devra devenir l'école pour mieux remplir cette fonction ? Quels engagements communs devrons-nous prendre pour que l'école évolue dans cette direction ? Quelles cibles et échéances sommes-nous prêts à fixer pour mesurer nos progrès ? Lorsque le personnel enseignant parvient à formuler un consensus dans ses réponses à ces questions, il a articulé sa mission, sa vision, ses valeurs et ses objectifs, qui composeront la base de la CAP. Ces éléments essentiels serviront ensuite de base pour toutes les décisions prises dans le cadre de l'évolution de l'école.

Imaginons qu'une école qui fonctionne en tant que communauté d'apprentissage professionnelle est une table qui repose sur quatre pieds : l'un d'eux représente sa mission, le deuxième sa vision, le troisième ses valeurs et le quatrième ses objectifs. À chaque pied de la table correspond une question que l'école doit considérer. Au pied représentant la mission, ou fonction, correspond la question : « *Quelle est notre raison d'être ?* » Elle met au défi chaque membre du groupe de clarifier la fonction essentielle de l'école. Au pied représentant la vision correspond la question : « *Quel type d'école – ou de commission scolaire – souhaitons-nous devenir ?* » Le groupe est invité à évoquer un avenir réaliste, crédible et désirable, enfin si convaincant que ses membres seront motivés à collaborer afin de le réaliser. Au pied représentant les valeurs correspond la question : « *Comment devons-nous agir pour faire de l'école ce que nous souhaitons qu'elle devienne ?* » La réponse à cette question constitue l'abc de l'amélioration de l'école. Elle demande aux membres de l'organisation de décrire : a) les attitudes ; b) les comportements ; et c) les engagements collectifs qui seront mis en œuvre pour faire évoluer l'école vers sa vision. Au quatrième pied, qui représente les objectifs, correspond la question : « *Quelles sont les mesures à prendre et quand les prendrons-nous ?* » Les objectifs mettent au défi le personnel de l'école de transformer les bonnes intentions formulées dans l'énoncé de

vision en cibles à atteindre, selon chaque étape du processus d'amélioration.

Pour que l'école puisse passer à travers les remous inévitables lors d'un processus de changement important, ses bases doivent être solides. Chacun des quatre pieds de son assise doit être bien fixé. S'il manque un des quatre pieds de la table, ou si l'un d'eux est branlant, ou trop court, les efforts d'amélioration de l'école risquent de s'appuyer sur une base instable. Ensuite, lorsque la pression monte, il y a de fortes chances que la structure s'écroule. Lorsque le personnel d'une école se distancie de sa mission, de sa vision, de ses valeurs et de ses objectifs, s'il survole ces éléments plutôt que de les intégrer à sa culture, ou encore s'il prend des raccourcis pour compléter la tâche au plus vite, les fondements de ses efforts d'amélioration ne pourront pas résister aux pressions qui les accompagnent. La première règle à suivre lors de l'établissement d'une communauté d'apprentissage consiste donc à établir une base solide composée d'une mission, d'une vision, de valeurs et d'objectifs communs.

Formation d'équipes efficaces travaillant en collaboration

Une école qui fonctionne en tant que communauté d'apprentissage professionnelle présente **toujours** une culture de collaboration. L'isolement des enseignants est remplacé par des processus de coopération fermement ancrés dans le quotidien de l'école. Les membres d'une CAP de sont pas « invités » à travailler avec leurs collègues : ils sont appelés à participer à l'effort commun, qui vise à améliorer l'école dans sa capacité à aider tous les élèves à apprendre efficacement.

L'équipe est le moteur de la culture de collaboration d'une CAP. Chaque membre du personnel est assigné à une ou à plusieurs équipes travaillant de façon interdépendante pour atteindre un ou plusieurs objectifs communs. Chaque enseignant doit alors sacrifier une partie de son autonomie, afin que la collectivité puisse prendre en main les questions principales quant à l'enseignement et à l'apprentissage. Les équipes travaillent de concert afin d'établir les résultats visés pour chaque année d'études, chaque matière et chaque sujet d'enseignement. Elles sont chargées de mettre au point des méthodes communes valides, afin d'évaluer la maîtrise qu'ont les élèves des sujets appris. Chaque équipe analyse en collaboration les résultats des élèves, en tire des conclusions, puis forme des objectifs d'amélioration pour l'équipe. Ainsi, en se soutenant les uns les autres et en partageant stratégies et ressources, les membres de l'équipe parviennent à atteindre des objectifs qu'ils n'auraient jamais pu atteindre seuls. Les équipes doivent également disposer de temps, d'objectifs clairs, d'encadrement, d'accès à l'information et d'un soutien continu afin d'entreprendre des recherches en coopération et de la recherche appliquée. Elles collaborent en un effort continu dans le but de découvrir de meilleures méthodes et de développer leur expertise pédagogique.

Développement d'une culture axée sur les résultats

Quel doit être le facteur d'évaluation des méthodes pédagogiques employées dans l'école ? Dans une communauté d'apprentissage professionnelle, la réponse est claire : l'apprentissage des élèves. Dans les écoles traditionnelles, on se base le plus souvent sur le fait que les enseignants – ou les élèves – « aiment » ou non une approche ou une méthode particulière.

Cependant, dans une communauté d'apprentissage professionnelle, les approches visant l'amélioration de l'école sont évaluées selon leurs effets sur la qualité de l'apprentissage. De même, les enseignants d'une CAP ne se contentent pas d'une simple affirmation bien-pensante du genre « Nous croyons que chaque enfant peut apprendre », qui se retrouve sous une forme ou une autre dans les énoncés de mission de toutes les écoles du monde. Une orientation vers les résultats signifie que les pédagogues doivent creuser plus avant et aborder les questions fondamentales à la base de la CAP. Ils doivent se demander, individuellement et collectivement : « Si nous croyons fondamentalement que tous les enfants sont en mesure d'apprendre, que souhaitons-nous qu'ils apprennent ? Comment pouvons-nous ensuite nous assurer que tous les élèves l'ont appris ? Comment devons-nous agir pour aider ceux qui n'atteignent pas les résultats souhaités ? »

Premiers pas

Comme le modèle CAP offre un cadre conceptuel pour la transformation des écoles, mais sans donner de recette préétablie, les pédagogues que ce modèle intéresse se demanderont sans doute par où commencer. Nous tenterons de répondre à cette question dans les exemples et récits qui suivent. Le premier chapitre traite des transformations culturelles nécessaires pour qu'une école puisse graduellement quitter le modèle scolaire traditionnel et devenir une communauté d'apprentissage professionnelle. Dans le deuxième chapitre, nous discuterons du défi présenté par le manque de temps par rapport au travail requis pour transformer une école en CAP. En guise d'exemple, nous présenterons le cas d'une directrice qui a su établir les priorités de l'école et de son travail afin d'y arriver. Le troisième chapitre présente l'expérience vécue d'une école et de sa transformation en communauté d'apprentissage professionnelle, en une seule année, avec des résultats spectaculaires. Le quatrième chapitre est destiné à ceux de nos lecteurs qui ont sans doute des questions plus spécifiques. Pour tenter d'y répondre, nous avons tenu une discussion abordant les principaux défis des premiers pas d'une CAP. Dans le cinquième chapitre, nous conseillons aux enseignants de ne pas attendre que les autres agissent à leur place. Les dernières sections du livre, Outils et modèles et Études de cas, présentent des modèles, des documents à distribuer et des études de cas visant à soutenir le processus de la CAP dans une école ou une commission scolaire.

Il faut toutefois souligner qu'une école ne peut commencer le processus de transformation en CAP que lorsque des membres du groupe mettent la main à la pâte. La tendance naturelle dans ce genre de situation est d'attendre que quelqu'un d'autre prenne l'initiative. Le directeur régional attend qu'un ministère de l'Éducation plus progressiste soit en place ou que la loi soit changée ; la commission scolaire compte sur le directeur régional ; le directeur d'école compte sur la commission scolaire ; les enseignants comptent sur le directeur de l'école, et ainsi de suite.

Il arrive fréquemment, à l'issue de nos ateliers, qu'un directeur d'école ou autre responsable nous confie qu'il espère vivement voir des membres de son organisation prendre des mesures pour mettre en application l'information que nous avons présentée. Ces participants n'ont pas vraiment compris les enjeux. Il est sans contredit préférable que tous les membres de l'organisation, particulièrement les dirigeants, s'engagent dans l'initiative CAP. En fait, nous en sommes venus à la conclusion que les principes d'une CAP ne peuvent pas suppléer à un leadership insuffisant. Toutefois, nous avons constaté que toute personne pouvait servir de catalyseur pour faire évoluer l'école dans le processus de la CAP, peu importe son niveau hiérarchique dans l'organisation régionale. Ainsi, certains directeurs d'école ont réussi à faire une CAP de leur établissement, malgré une indifférence marquée de la part de leur commission scolaire. Nous avons aussi connu des directeurs de département qui avaient pu transformer une partie de l'école en communauté d'apprentissage, bien que le reste de l'école n'ait aucunement changé. À l'occasion, des enseignants se sont regroupés et ont démontré la valeur du travail d'équipe dans des écoles où la plupart des enseignants continuent à travailler seuls. Avis, donc, aux lecteurs de ce livre : résistez à l'envie d'attendre que d'autres agissent à votre place pour intégrer le modèle CAP dans votre école. Mettez plutôt les autres au défi d'identifier et de prendre les mesures nécessaires pour que les choses évoluent.

Enfin, quelques notes au sujet du style adopté dans cet ouvrage. Nos lecteurs habituels verront que la structure de ce livre est beaucoup plus libre qu'à l'habitude. Il s'agit d'un choix délibéré, où l'échange informel et le partage de l'expérience personnelle avec le lecteur prennent les devants.

Une amélioration significative de l'école est un processus complexe et graduel qui exige, notamment, beaucoup de patience, de dévouement et de persévérance. Il requiert, en outre, que nous apprenions les uns des autres. La création d'une nouvelle culture exige en effet que nous soyons prêts à partager nos connaissances. C'est en étant continuellement à la recherche de nouvelles idées, et de nouveaux procédés et produits, que nous aidons l'école à fonctionner en tant que communauté d'apprentissage professionnelle. Nous espérons que le présent livre saura apporter une contribution significative à ce processus d'échange.

Chapitre 1

Changements culturels : transformer nos écoles en communautés d'apprentissage professionnelles

Robert Eaker

Le modèle de communauté d'apprentissage professionnelle (CAP) est le meilleur moyen dont nous disposons pour transformer la culture organisationnelle des écoles. Une opinion très répandue veut que le meilleur moyen de modifier les comportements des intervenants soit de restructurer les écoles. Cependant, la restructuration ne suffit pas. Pour que les changements apportés à la structure aient un impact significatif, les intervenants doivent modifier leur façon de penser. Seymore Sarason (1996, p. 340) nous fait remarquer que :

> Pour que l'esprit du milieu d'enseignement et ses résultats – à la fois pour les élèves et les enseignants – puissent évoluer, certains aspects de la culture organisationnelle de l'école doivent changer. Sinon, même les efforts les plus sincères se solderont par un échec.

En tenant pour acquis que la « culture » de l'école comprend, notamment, la « façon de faire » commune, deux questions doivent se poser :

1. Quelles sont les différences entre la façon de faire d'une CAP et celle d'une école traditionnelle ?
2. Quels sont les changements culturels nécessaires à une école traditionnelle pour qu'elle puisse devenir une CAP ?

La modification de la culture de l'école en vue de sa transformation en communauté d'apprentissage professionnelle prend plusieurs aspects :

- Collaboration
- Établissement d'une mission, d'une vision, de valeurs et d'objectifs
- Approche axée sur l'apprentissage
- Leadership
- Plan précis d'amélioration de l'école
- Célébration
- Persévérance

Collaboration

La collaboration est un excellent point de départ pour la transformation de la culture scolaire : en effet, nous devons passer d'une culture où l'isolement des enseignants est la norme à une culture de collaboration constante et productive (tableau 1.1).

Tableau 1.1
Changement culturel : collaboration

École traditionnelle	Communauté d'apprentissage professionnelle
• Isolement des enseignants	• Équipes travaillant en collaboration

L'école traditionnelle se caractérise le plus souvent par un isolement généralisé des enseignants. Pour pousser cette image à l'extrême, on pourrait même la comparer à un ensemble de travailleurs contractuels unis par un espace de stationnement commun ! Le changement fondamental est le suivant : les communautés d'apprentissage professionnelles visent à créer une culture de collaboration. Une simple invitation à coopérer lancée aux intervenants ne donne pas les mêmes résultats. En fait, cela ne suffit pas. Cette différence est cruciale : dans une communauté d'apprentissage professionnelle, la collaboration est **sous-jacente** à chaque aspect de la culture de l'école. Chaque décision significative portant sur la mission d'apprentissage de l'école est le fruit d'un processus de collaboration.

Cependant, comment la culture de collaboration peut-elle se développer dans une communauté d'apprentissage professionnelle ? Voici certaines prémisses de cette vision de la collaboration :

- Pour qu'une école puisse s'améliorer, son personnel doit pouvoir fonctionner en tant que CAP.
- Pour qu'une école fonctionne en tant que CAP, elle doit développer une culture de collaboration.

- Pour développer une culture de collaboration, l'école doit abandonner la tradition d'isolement des enseignants.
- Pour abandonner la tradition d'isolement, les enseignants doivent apprendre à travailler en équipes efficaces et performantes.

La culture d'une communauté d'apprentissage professionnelle se caractérise en partie par la constitution d'équipes dont les membres travaillent de façon interdépendante à des objectifs communs. Le concept d'interdépendance et les objectifs communs sont particulièrement importants pour une collaboration efficace des équipes.

Au cours de notre travail dans des cultures de collaboration, nous en sommes venus à reconnaître certaines caractéristiques clés des équipes efficaces :

- La collaboration fait partie intégrante des activités de routine.
- Le temps nécessaire au travail d'équipe est prévu dans l'horaire quotidien et le calendrier de l'école.
- Les résultats de la collaboration sont clairement exprimés.
- Les normes de l'équipe guident le travail collaboratif.
- Chaque équipe vise des objectifs de rendement précis et mesurables.
- Les équipes se penchent sur les questions fondamentales de l'apprentissage.
- Les équipes ont accès à des renseignements pertinents à leur travail.

Cette liste de caractéristiques clés peut également servir d'outil pour évaluer le fonctionnement actuel des équipes d'une école.

Mission

Le deuxième changement culturel nécessaire porte sur la mission de l'école. Aucune équivoque n'est possible : la mission fondamentale de l'école qui fonctionne en tant que CAP est l'apprentissage. Le tableau 1.2 illustre le changement culturel qui se produit lorsqu'une communauté d'apprentissage professionnelle rédige un énoncé de mission.

Tableau 1.2
Changement culturel : rédaction d'un énoncé de mission

École traditionnelle	Communauté d'apprentissage professionnelle
1. L'énoncé varie peu d'une école à l'autre.	1. L'énoncé précise ce que les élèves apprendront.
2. L'énoncé est bref, par exemple : « Nous croyons que chaque enfant peut apprendre ».	2. L'énoncé répond à la question « Comment saurons-nous ce que les élèves apprennent ? »
	3. L'énoncé précise comment l'école répond aux besoins des élèves qui n'assimilent pas le contenu.

La plupart des écoles ont déjà un énoncé de mission qui se présente sous une forme ou une autre. Malheureusement, dans une école traditionnelle, l'énoncé de mission dépasse rarement le stade d'une phrase bien intentionnée, mais souvent vide de sens, sur le besoin de « donner à chaque enfant » la capacité « d'apprendre toute sa vie », et ainsi de suite. Dans une communauté d'apprentissage professionnelle, l'énoncé de mission prend tout son sens en répondant à trois questions corollaires. Si nous croyons que la mission principale de l'école est l'apprentissage :

1. Que voulons-nous que les élèves apprennent ?
2. Comment saurons-nous ce que les élèves ont appris ?
3. Comment réagirons-nous lorsque certains élèves n'assimilent pas le contenu ?

Les réponses à ces trois questions de base permettent à l'école de passer d'une culture qui vise surtout « l'enseignement » à une culture dont le but principal est « l'apprentissage ».

Vision

Une fois que les défis concernant l'énoncé de mission ont été abordés, l'attention des intervenants peut se porter sur le développement d'une vision commune qui soit significative, crédible et, surtout, mise en pratique. Le tableau 1.3 illustre le changement culturel qui se produit lorsqu'une communauté d'apprentissage professionnelle met au point un énoncé de vision.

Notez les différences d'une colonne à l'autre. Dans une école traditionnelle, un comité se chargerait habituellement de développer un tel énoncé. Le comité se rencontre un certain nombre de fois, et un consensus se forme peu à peu. Au bout du compte, un document reflétant l'opinion « moyenne » des intervenants est rédigé.

Tableau 1.3
Changement culturel : rédaction d'un énoncé de vision

École traditionnelle	Communauté d'apprentissage professionnelle
1. L'énoncé est une opinion moyenne.	1. L'énoncé se base sur la recherche.
2. L'énoncé devient rapidement une liste de vœux.	2. L'énoncé est crédible et axé sur les résultats.
3. L'énoncé est souvent ignoré.	3. L'énoncé sert de base pour planifier les améliorations.
4. L'énoncé est souvent dicté ou mis au point par un petit groupe d'individus.	4. L'énoncé est un consensus général établi en collaboration.

Dans une communauté d'apprentissage professionnelle, le processus de collaboration signifie qu'une approche entièrement différente est adoptée. Le développement de l'énoncé de vision commence par une recherche sur les meilleures méthodes en pédagogie. Par exemple, les intervenants étudient les comptes rendus de recherche sur les toutes dernières méthodes d'évaluation ou la participation des parents, ou encore les programmes d'amélioration tels que le développement de « l'école efficace ». Autrement dit, plutôt que de se baser simplement sur l'opinion partagée d'un groupe, la communauté d'apprentissage professionnelle développe son énoncé de vision par une approche de recherche collective.

La rédaction d'un énoncé de vision se réduit souvent à une liste de vœux : « Nous avons besoin de nouveaux équipements informatiques, de nouveau matériel d'éducation physique, de nouveaux uniformes pour la chorale, etc. ». Cependant, dans une communauté d'apprentissage professionnelle, la réflexion porte sur la mission d'apprentissage de l'école. La question à poser est alors : « Qu'est-ce qui est indispensable ? Si nous faisons un excellent travail avec les éléments indispensables, quels pourraient être les résultats ? » Autrement dit, il s'agit de décrire l'école – ou la commission scolaire – que nous envisageons, en décrivant le fonctionnement de ses divers programmes. Cette description ne peut se faire que si l'énoncé de vision est clairement défini.

L'une des principales différences entre l'énoncé de vision d'une école traditionnelle et celle d'une communauté d'apprentissage réside en ceci : dans la plupart des écoles, l'énoncé de vision est habituellement ignoré. Dans une CAP, l'énoncé de vision devient le point d'appui de toute planification, que ce soit pour les améliorations à apporter, le budget, la formation des enseignants ou toute autre activité. Les discussions et décisions qui en découlent sont alors confrontées à la question fondamentale : « Comment cette décision nous aidera-t-elle à faire évoluer l'école vers la vision que nous avons établie ? »

Valeurs

Le changement culturel suivant doit se réaliser dans les valeurs communes et les engagements. Le tableau 1.4 illustre le changement culturel qui se produit lorsqu'une communauté d'apprentissage professionnelle rédige des énoncés de valeurs.

Chaque école opère selon un ensemble de valeurs. Cependant, dans la plupart des écoles, il est rare que ces valeurs soient issues d'un dialogue collectif. Au contraire, elles sont souvent

Tableau 1.4
Changement culturel : rédaction d'un énoncé de valeurs

École traditionnelle	Communauté d'apprentissage professionnelle
1. Les valeurs n'ont pas de base réelle.	1. Les valeurs sont établies en fonction de la vision.
2. Les valeurs exprimées dans l'énoncé sont très nombreuses.	2. Les valeurs exprimées dans l'énoncé sont en nombre restreint.
3. Les valeurs sont exprimées en tant que croyances.	3. L'énoncé sert de base pour planifier les améliorations.
4. Les valeurs de l'énoncé sont axées sur soi.	4. Les valeurs sont exprimées en tant que comportements et engagements.

arbitraires et font rarement l'objet d'une discussion. Dans une communauté d'apprentissage professionnelle, des processus de collaboration sont mis au point afin d'établir les engagements communs du personnel, en vue de transformer l'école selon l'énoncé de vision. Dans le domaine des valeurs, le changement culturel le plus important, sans doute, consiste à passer des croyances aux comportements.

Dans une école traditionnelle, les « croyances » sont au premier plan. Nous avons souvent vu des documents où chaque élément ou phrase commence par les mots « Nous croyons que ». Une communauté d'apprentissage professionnelle doit certes reconnaître que les croyances sont importantes, mais elle doit aussi s'efforcer d'aller plus loin et de se concentrer sur les comportements. Nous devons nous demander : « Comment devons-nous agir pour créer le genre d'école que nous avons dit vouloir devenir ? » Par conséquent, chacun des énoncés de valeurs d'une communauté d'apprentissage professionnelle devrait commencer par les mots « Nous nous engageons à ».

Dans les écoles traditionnelles, on a souvent tendance à décrire les actions que les autres doivent poser. Ainsi, les discussions portant sur les valeurs et les engagements communs produisent souvent des listes de tâches que d'autres doivent accomplir pour que l'école excelle. Dans une communauté d'apprentissage professionnelle, les intervenants eux-mêmes sont au premier plan. On nous demande souvent comment il est possible de rédiger des énoncés de valeurs qui soient pertinents aux divers domaines professionnels de l'école. La réponse est très simple : chaque groupe – enseignants, gestionnaires, élèves, parents, personnel de soutien, etc. – doit rédiger son propre énoncé de valeurs.

Objectifs

Il va sans dire qu'à eux seuls, les énoncés de valeurs ne suffisent pas. Ils doivent s'accompagner de plans d'action. La question suivante se pose alors : « Quelles sont les mesures à prendre et quand les prendrons-nous ? » Le développement d'objectifs en collaboration est une pratique bien connue des enseignants. Le tableau 1.5 compare les objectifs rédigés dans une école traditionnelle et ceux que l'on obtient dans une communauté d'apprentissage.

Dans une communauté d'apprentissage professionnelle, les objectifs, tout comme les énoncés de valeurs, sont directement

Tableau 1.5
Changement culturel : rédaction d'un énoncé d'objectifs

École traditionnelle	Communauté d'apprentissage professionnelle
1. Les objectifs de l'énoncé n'ont pas de base réelle. 2. Les objectifs sont très nombreux. 3. Les objectifs visent les moyens plutôt que les résultats. 4. Les objectifs ne peuvent être ni évalués, ni mesurés. 5. Les objectifs ne font l'objet d'aucun suivi.	1. Les objectifs de l'énoncé sont établis en fonction de la vision. 2. Les objectifs sont en nombre restreint. 3. Les objectifs sont axés sur les résultats visés. 4. Les objectifs correspondent à des indicateurs de rendement mesurables. 5. Les objectifs font l'objet d'un suivi continuel. 6. Les objectifs sont établis en vue de gains à court terme et de défis à long terme.

reliés à la vision commune de l'école. Les CAP comptent habituellement un nombre assez restreint d'objectifs. Dans les écoles traditionnelles, les objectifs visent souvent davantage les « moyens » que les « fins ». En effet, on se concentre sur les activités et les tâches à accomplir. Dans une CAP, les résultats visés sont mis de l'avant et on se pose la question : « Pourquoi s'agit-il d'un objectif ? Que souhaitons-nous accomplir ? »

Les objectifs établis par une CAP se traduisent par des indicateurs de rendement mesurables et font l'objet d'un suivi continu. Lors du développement des objectifs, la communauté d'apprentissage s'assure que certains objectifs visent des succès à court terme, alors que quelques autres sont des défis à long terme.

Approche axée sur l'apprentissage

Un des changements culturels les plus importants dans la transformation de l'école en communauté d'apprentissage professionnelle demande que l'on se concentre sur **l'apprentissage**, plutôt que sur **l'enseignement** (tableau 1.6).

Tableau 1.6
Changement culturel : approche axée sur l'apprentissage

École traditionnelle	Communauté d'apprentissage professionnelle
• Approche axée principalement sur l'enseignement	• Approche axée principalement sur l'apprentissage

Il va sans dire qu'un enseignement de qualité est essentiel. Que signifie alors se concentrer sur l'apprentissage plutôt que sur l'enseignement ? La principale différence réside dans les questions que l'on doit se poser. Une communauté d'apprentissage professionnelle tient des discussions communes, en profondeur, sur les aspects clés de l'apprentissage, c'est-à-dire, notamment :

- Que voulons-nous que les élèves apprennent, en termes précis ?
- Comment saurons-nous ce que les élèves ont appris ?

- Comment pouvons-nous encourager et soutenir l'apprentissage des élèves ?
- En nous basant sur une analyse collaborative des résultats de nos efforts, que pouvons-nous faire pour améliorer le niveau d'apprentissage des élèves ?
- Comment pouvons-nous marquer et célébrer les améliorations dans l'apprentissage des élèves ?

Il s'agit là d'une brève liste des questions que les équipes d'enseignants peuvent se poser dans une école fonctionnant en tant que CAP.

Programme : Comme de raison, une approche basée sur l'apprentissage exige une discussion approfondie du programme d'études. Bien que toutes les écoles se penchent sur la question du contenu de l'enseignement, l'approche des écoles traditionnelles est très différente de celle adoptée par les communautés d'apprentissage professionnelles. Le tableau 1.7 illustre ces différences.

De plus, un effort concerté doit être entrepris pour réduire la quantité de contenu du programme. Dans une CAP, le temps est vu comme une ressource précieuse. On tente donc de concentrer les efforts communs sur un contenu de moindre portée, mais plus significatif. Le temps gagné permet un apprentissage plus approfondi de la matière privilégiée.

Meilleures méthodes : Les enseignants faisant partie d'une communauté d'apprentissage professionnelle recherchent constamment les meilleures méthodes en pédagogie. Cette quête passe par un processus de recherche collective. Dans les écoles traditionnelles, les décisions au sujet des stratégies d'amélioration sont prises en fonction de l'opinion « moyenne ». Dans

PREMIERS PAS : TRANSFORMATION CULTURELLE DE L'ÉCOLE EN CAP

Tableau 1.7
Changement culturel : programme

École traditionnelle	Communauté d'apprentissage professionnelle
1. Chaque enseignant décide lui-même du contenu à enseigner.	1. Le programme d'études, développé en collaboration, est axé sur ce que les élèves doivent apprendre.
2. La surcharge de contenu à enseigner est fréquente.	2. La réduction du contenu permet un enseignement plus approfondi de la matière privilégiée.
	3. Les évaluations sont mises au point en collaboration.
	4. Un plan est établi en collaboration pour répondre aux besoins des élèves qui n'assimilent pas le contenu.

une CAP, les décisions se basent sur la recherche et les meilleures méthodes qui en résultent, selon les recherches collaboratives d'équipes d'enseignants.

Où les équipes de recherche dénichent-elles ces meilleures méthodes ? Partout ! Les enseignants lisent les ouvrages et les revues spécialisées et en discutent. Ils font des recherches sur Internet. Ils assistent à des conférences et suivent des ateliers.

Tableau 1.8
Changement culturel : recherche en collaboration

École traditionnelle	Communauté d'apprentissage professionnelle
• Les décisions au sujet des stratégies d'amélioration sont prises en fonction de l'opinion « moyenne ».	• Les décisions se basent sur la recherche et les meilleures méthodes qui en résultent, selon les recherches collaboratives d'équipes d'enseignants.

Ils s'inscrivent à des associations professionnelles et en suivent les activités. Ils visitent également d'autres écoles qui connaissent des succès dans leurs initiatives. Cette recherche des meilleures méthodes – la recherche collective – est l'un des changements culturels importants qui s'imposent lorsqu'une école devient une communauté d'apprentissage professionnelle (tableau 1.8).

Culture de recherche et de résultats : Les équipes d'enseignants d'une CAP sont sceptiques. Elles savent que, même si certaines méthodes fonctionnent bien dans une école particulière, elles n'auront peut-être pas le même succès dans un autre établissement.

L'essentiel de ce changement culturel repose sur la condition que les enseignants bâtissent une culture d'expérimentation et de recherche appliquée. Ces intervenants ne se contentent pas d'accepter, telle quelle, la validation des chercheurs. Ils souhaitent valider ces méthodes à l'interne, dans leur propre école, avec leurs propres élèves. Le tableau 1.9 illustre cette différence.

Tableau 1.9
Changement culturel : recherche et résultats

École traditionnelle	Communauté d'apprentissage professionnelle
1. L'efficacité des méthodes d'amélioration est évaluée à l'externe. Les enseignants se fient à des personnes hors de l'établissement pour juger de ce qui fonctionne.	1. Les approches sont validées à l'interne. Des équipes d'enseignants mettent diverses approches d'amélioration à l'essai et comparent leurs effets sur l'apprentissage.
2. On choisit les approches selon que les enseignants les aiment ou non.	2. L'effet des diverses approches sur l'apprentissage est le principal critère d'évaluation.

Notons un aspect important de ce changement culturel : les écoles traditionnelles prennent habituellement des décisions sur les approches à employer en se basant sur l'appréciation des enseignants, selon que l'un ou l'autre « aime » ou « n'aime pas » l'approche. Dans une communauté d'apprentissage professionnelle, les sentiments de chacun sont certes importants. Cependant, on se basera principalement sur l'effet des diverses méthodes sur l'apprentissage des élèves pour leur intégration dans la culture de l'école. Cet intérêt pour l'effet des méthodes sur l'apprentissage encourage la création d'une culture axée sur les résultats.

Leadership

Beaucoup d'encre a coulé sur le rôle essentiel du leadership dans une communauté d'apprentissage. Un autre changement culturel se produisant lors de la transformation de l'école en communauté d'apprentissage professionnelle repose sur la façon dont est perçu l'enseignant. Dans une école traditionnelle, les gestionnaires sont considérés comme occupant des positions de leadership, alors que les enseignants sont perçus comme des exécutants, des « suiveurs ». Dans une communauté d'apprentissage, les gestionnaires sont considérés comme étant des leaders de leaders ! Les enseignants sont ainsi perçus comme étant les leaders du changement (tableau 1.10).

Tableau 1.10
Changement culturel : leadership

École traditionnelle	Communauté d'apprentissage professionnelle
• Les administrateurs sont considérés comme occupant des positions de leadership, alors que les enseignants sont perçus comme des exécutants ou des « suiveurs ».	• Les administrateurs sont considérés comme étant des leaders de leaders. Les enseignants sont perçus comme étant les leaders du changement.

Avez-vous déjà entendu un directeur mentionner que « la direction » assistait à un atelier ou à une conférence ? Il est plus que probable qu'il fait alors référence aux administrateurs. Il est clair que les membres du personnel administratif détiennent des postes essentiels de leadership ; cependant, dans une communauté d'apprentissage professionnelle, le concept de la direction – et du leadership – s'étend également aux enseignants. En fait, les enseignants sont considérés comme étant les leaders les plus importants d'une école.

Le raisonnement est le suivant : le leadership du changement signifie que des leaders efficaces changent la vie de ceux qui les entourent. Ils les motivent et les inspirent. Grâce à eux, les gens avec qui ils travaillent arrivent à accomplir des choses qui leur semblaient, de prime abord, impossibles. Si la fonction principale de nos écoles est l'apprentissage, quelles sont les personnes qui, selon vous, sont le mieux placées pour transformer la vie des élèves, les motiver et leur donner les moyens d'accomplir ce qui leur semblait impossible ? La réponse est très simple : ce sont les enseignants ! D'ailleurs, lorsqu'on parle des meilleurs professeurs ou enseignants qu'il nous a été donné de rencontrer, on utilise souvent des termes tels que « motivation », « inspiration » et « encouragement ». Fait intéressant, ces mots servent également à décrire les caractéristiques que l'on espère trouver chez un leader compétent.

Plan précis d'amélioration de l'école

Si la mission première d'une CAP est l'apprentissage, et que les intervenants s'engagent à améliorer cet apprentissage, un besoin s'impose : celui d'un plan qui permettra de passer du point A au point B. Dans une communauté d'apprentissage professionnelle, le plan d'amélioration est perçu comme étant le principal outil d'un progrès cyclique, continu et durable. Le tableau 1.11 illustre le changement culturel qui se produit lorsqu'une CAP met au point un plan d'amélioration concerté.

Tableau 1.11
Changement culturel : plan d'amélioration de l'école

École traditionnelle	Communauté d'apprentissage professionnelle
1. Le plan d'amélioration de l'école porte sur de nombreux aspects. 2. L'objectif premier est souvent de « remettre le plan à temps ». Ensuite, le plan est ignoré.	1. Le plan d'amélioration de l'école porte sur un nombre restreint d'objectifs ayant un effet sur le niveau d'apprentissage des élèves. 2. Le plan est le véhicule de choix pour une amélioration organisée et durable de l'école.

Certaines provinces, sinon toutes, exigent que l'école produise, sous une forme ou une autre, un document d'amélioration de l'école. Par exemple, au Québec, il peut s'agir du plan de réussite et des comptes rendus qui s'ensuivent. Toutefois, dans certaines écoles, la culture est telle que le but premier de ce processus est simplement de terminer la rédaction du document et de le remettre à temps ! Dans une communauté d'apprentissage professionnelle, la rédaction de plans d'amélioration annuels reflète une culture favorisant l'amélioration continue.

Dans une CAP, le plan d'amélioration de l'école se concentre sur un nombre restreint d'objectifs clés ayant un effet significatif sur l'apprentissage. Dans les écoles traditionnelles, les points majeurs du plan d'amélioration portent d'abord sur des questions de gestion, par exemple les changements à apporter au calendrier ou à l'horaire de l'école, ou encore à la structure du conseil d'administration. Une des questions clés à se poser au sujet du plan d'amélioration de l'école, quel qu'il soit, est la suivante : « Si nous atteignons tous les objectifs du plan, quel sera son effet sur la réussite des élèves ? »

Célébration

Que célébrons-nous dans les écoles ? Quelles cérémonies et autres rituels sont en place pour renforcer les valeurs privilégiées ? Dans une communauté d'apprentissage professionnelle, des célébrations planifiées permettent de promouvoir les valeurs que l'école met de l'avant. Le tableau 1.12 décrit le changement culturel qui se produit lorsqu'une communauté d'apprentissage célèbre ses réussites.

Toutes les écoles tiennent des cérémonies et des célébrations. Dans les écoles traditionnelles cependant, les cérémonies et les honneurs sont plutôt rares et portent fréquemment sur des aspects de l'école qui sont périphériques à sa mission. (Lorsqu'on entre dans une école secondaire, que voit-on souvent ? Les trophées remportés par les équipes sportives de l'école.) Lors de cérémonies honorant les enseignants, les écoles traditionnelles remercient le plus souvent des groupes, plutôt que des individus. En effet, on a tendance à éviter de complimenter et d'honorer publiquement des individus. Dans une communauté d'apprentissage professionnelle, la situation est inversée. Les célébrations sont fréquentes. Directement reliées aux valeurs de l'école, elles visent à honorer les réussites des individus autant que celles des groupes.

Une CAP planifie des cérémonies et des rituels qui marquent et célèbrent l'amélioration, en plus des succès scolaires

Tableau 1.12
Changement culturel : célébration

École traditionnelle	Communauté d'apprentissage professionnelle
1. Les célébrations sont peu fréquentes. Lorsque des enseignants sont honorés, la célébration vise habituellement un groupe.	1. Le plan d'amélioration de l'école porte sur un nombre restreint d'objectifs reliés au niveau d'apprentissage des élèves.
2. Les élèves sont honorés lorsqu'ils atteignent un succès préétabli.	2. En plus d'honorer les succès préétablis, les célébrations marquent les améliorations.
3. Les honneurs sont réservés à quelques individus.	3. L'école met tous ses efforts à « créer » des succès et à les célébrer.
	4. Les célébrations sont liées à la vision de l'école et à ses valeurs, ainsi qu'aux améliorations des résultats des élèves.

habituels. Le raisonnement est le suivant : les écoles traditionnelles établissent des critères quelconques afin d'honorer les meilleurs élèves. On pense, par exemple, aux élèves qui ont obtenu les meilleures moyennes ou les meilleures notes, aux succès atteints lors de concours régionaux ou nationaux, etc. Cette pratique est-elle utile ? Tout à fait ! Il est essentiel de marquer et de célébrer les réussites des meilleurs élèves. Cependant, elle pose un problème : dans les écoles traditionnelles, un très faible pourcentage des élèves se croit en mesure de recevoir ce type d'honneur. Une CAP honore non seulement ses meilleurs élèves, mais planifie également des événements afin de marquer et de célébrer les améliorations des autres enfants. Si l'école dit privilégier l'amélioration des résultats, elle doit également célébrer les réussites correspondantes.

Persévérance

L'emplacement, l'emplacement et encore l'emplacement ! On dit souvent que ce sont là les trois facteurs clés de l'immobilier. Si l'on poursuit cette analogie, les trois mots clés de la communauté d'apprentissage professionnelle pourraient sans doute être la persévérance, la persévérance, et encore la persévérance ! Dans les écoles traditionnelles, il arrive fréquemment que les efforts d'amélioration changent à mesure que de nouveaux programmes ou de nouvelles tendances font leur apparition. Dans une communauté d'apprentissage professionnelle, un effort conscient est déployé pour « maintenir le cap ». On évite alors de se jeter sur la première tendance intéressante qui passe. L'école s'engage ainsi à maintenir la direction choisie, dans le but d'atteindre sa vision. De nouvelles initiatives sont mises en œuvre uniquement lorsqu'on a déterminé que les changements aideront l'école dans ce but. Le rôle du leader dans une CAP est de promouvoir et de défendre la vision et les valeurs de l'école. Il consiste également à confronter les personnes dont les comportements ne cadrent pas avec celles-ci (tableau 1.13).

Au cours de nos conférences, nous avons souvent utilisé la métaphore du dirigeant qui voit sa commission scolaire ou son

Tableau 1.13
Changement culturel : persévérance

École traditionnelle	Communauté d'apprentissage professionnelle
1. Les efforts d'amélioration changent fréquemment, suivant les tendances et les programmes à la mode.	1. L'école s'engage à « maintenir le cap », dans le but d'atteindre sa vision. De nouvelles initiatives sont mises en œuvre uniquement lorsqu'on a déterminé que les changements aideront l'école dans ce but.
	2. Le rôle du leader est de promouvoir et de défendre la vision et les valeurs de l'école, et de confronter les personnes dont les comportements ne cadrent pas avec celles-ci.

école comme un arbre de Noël. Les améliorations se comparent alors à la décoration de l'arbre. Chaque tendance ou programme pédagogique à la mode est une décoration de plus à placer sur l'arbre ; une bonne commission scolaire ou école est alors celle qui porte le plus de décorations possible. Les dirigeants des CAP encouragent eux aussi l'expérimentation, mais le *contexte* de l'expérimentation est différent de celui d'une institution traditionnelle. Dans une communauté d'apprentissage, la vision de l'école sert de point d'ancrage à toute initiative d'expérimentation. L'une des questions les plus fréquentes dans une CAP est la suivante : « Est-ce que ce changement (ou cette initiative, ce programme, etc.) nous aidera à atteindre la vision que nous avons établie pour l'école ? » Ainsi, on ne met jamais une idée à l'essai simplement parce qu'elle est à la mode. Si on la met en œuvre, c'est parce que les intervenants croient qu'elle contribuera au cheminement de l'école vers sa vision.

Les enseignants adoptent souvent une attitude résignée face aux tribulations de leur travail. Malheureusement, cette façon de voir les choses est souvent le résultat de leurs expériences passées. Dans une CAP, les enseignants savent que les dirigeants se sont engagés à faire progresser l'école afin d'en faire le type d'établissement décrit dans l'énoncé de vision. La fonction du dirigeant, dans une communauté d'apprentissage, ne consiste pas à « décorer l'arbre ». Il s'agit plutôt d'intégrer les caractéristiques d'une CAP dans la culture de l'école, puis de les promouvoir et de les défendre. Avant tout, le dirigeant doit être prêt à confronter ceux dont le comportement ne cadre pas avec les valeurs communes énoncées par le groupe. Cet engagement à affronter les comportements déplacés, lorsqu'il est accompagné d'une célébration des succès correspondant aux valeurs de l'école, communique clairement l'intention de la direction de maintenir le cap. Ces efforts contribuent grandement à la transformation graduelle de la culture de l'école.

Un processus non linéaire

Une remarque s'impose en conclusion : les changements culturels décrits dans les pages précédentes constituent un processus ardu et non linéaire, c'est-à-dire qu'il ne suit pas des étapes prédéfinies. Certaines de ces transformations culturelles se produiront rapidement, mais d'autres prendront plusieurs années. Les délais encourus et les moyens nécessaires dépendront principalement de la qualité du leadership et du niveau de collaboration. Pour effectuer ces changements culturels, nul besoin de chercher des solutions hors de l'école : tous les éléments nécessaires à sa transformation culturelle s'y trouvent déjà. Collaborez à tous les niveaux. Soutenez-vous les uns les autres. Prenez soin les uns des autres. Encouragez-vous mutuellement. Vous verrez que de petits miracles se produiront.

Chapitre 2

Temps, perspectives et priorités

Richard DuFour

On dit que l'être humain a soif d'histoires. Les cultures, religions et autres grands mouvements intellectuels qui sont apparus à travers les âges se sont transmis de génération en génération par l'entremise de fables, de mythes et de légendes. Les pages qui suivent contiennent quelques histoires vécues qui illustrent, au jour le jour, le fonctionnement d'une communauté d'apprentissage professionnelle.

Où trouver le temps ?

Cette première histoire provient d'un atelier que j'animais. Au cours d'une pause, un directeur d'école m'a abordé pour me lancer : « Avec toutes mes responsabilités, où pensez-vous que je vais trouver le temps pour tout ce charabia de communauté d'apprentissage professionnelle ? Une fois mes obligations remplies, je n'ai plus le temps de bâtir une communauté d'apprentissage ! »

Je comprenais assez bien les sentiments de cet homme. Le problème qu'il abordait est courant. Ce qu'il exprimait revient à ceci : « Je n'ai pas le temps d'améliorer mon école, parce que je suis trop occupé à la gérer ». Même si sa liste de responsabilités lui semble insurmontable, je crois qu'une personne peut toujours trouver le temps nécessaire pour les choses essentielles. La première mesure à prendre pour transformer une école consiste donc à placer les processus de la communauté d'apprentissage professionnelle dans la liste des activités essentielles.

Voici une métaphore qui illustre bien le point de vue de ce directeur. Imaginez que vous tenez un pichet vide. Ce pichet représente le temps dont une personne dispose. Chaque jour compte un nombre d'heures limité, et chaque semaine un certain nombre de jours. On ne peut pas fabriquer davantage de temps, comme on ne peut pas agrandir le pichet.

Ajoutons un grand sac de riz. Chaque grain de riz, dans notre métaphore, représente une des responsabilités du directeur d'école. Pour illustrer le lien entre les responsabilités et le temps, versons le riz dans le pichet. Le pichet est maintenant à moitié plein. Il est plus lourd qu'auparavant, c'est certain. Le riz représente en effet une liste de responsabilités assez lourde à porter : le directeur doit coordonner le projet pédagogique de l'école, assister aux réunions d'administration, s'occuper de la discipline des élèves, rédiger comptes rendus et propositions, répondre aux demandes des parents, gérer le budget et l'immeuble... la liste est longue !

Ajoutons un autre élément à notre métaphore : trois balles de tennis. Imaginez que ces trois balles représentent les éléments d'une communauté d'apprentissage professionnelle. Si nous tentons de les placer dans le pichet qui contient déjà tous les grains de riz représentant les obligations du directeur, nous n'y arrivons pas : il n'y a tout simplement pas assez de place.

Comme le directeur l'a indiqué, le temps disponible est insuffisant.

Adopter une nouvelle perspective

Quelle est la solution à ce dilemme ? On ne peut pas accorder davantage de temps au directeur, puisque le temps est immuable. Nous pourrions lui suggérer de déléguer certaines de ses responsabilités à d'autres membres du personnel, afin de se libérer un peu. C'est exactement ce que j'ai proposé à notre directeur. Il a cependant insisté sur le fait que toutes ses obligations étaient essentielles, et qu'il ne pouvait pas les déléguer. Il souhaitait vraiment me convaincre qu'il n'avait tout simplement pas le temps d'améliorer son école.

Je lui ai alors suggéré que le problème reposait moins sur le temps disponible que sur son point de vue. La solution consistait donc à adopter une nouvelle perspective quant à la nature de son travail. Pour paraphraser Peter Drucker (1992), la manière dont une personne définit son travail détermine, en grande partie, la façon dont elle accomplit ce travail.

La perspective qu'on adopte peut être un facteur puissant. L'histoire qui suit l'illustre bien : Une femme rencontre trois ouvriers faisant exactement le même travail. Elle demande au premier ouvrier ce qu'il fait. « Je pose de la brique », dit-il. Elle pose alors la même question au second ouvrier, qui lui répond : « Je construis un mur ». Lorsqu'elle pose la question au troisième ouvrier, il annonce : « Je bâtis une cathédrale ». Ces ouvriers accomplissaient tous trois la même tâche, mais la perspective que chacun avait de son travail était très différente.

La perspective qu'il convient d'adopter pour établir une communauté d'apprentissage professionnelle est très bien illustrée par un cas vécu : celui d'une directrice d'école primaire travaillant dans une région rurale des États-Unis. Les ressources budgétaires de cette école, selon le budget par élève, la classaient dans les dix pour cent des écoles les moins bien nanties de la Virginie. Les moyens financiers dévolus à la pédagogie étaient donc très limités. De plus, cette directrice n'avait pas d'assistant, dans une école comptant 450 élèves. Le personnel administratif était minimal. Elle arrivait au travail à cinq heures trente, afin de recevoir les appels des enseignants qui ne pourraient pas se présenter au travail ce jour-là. Elle devait alors trouver des suppléants, gérer les problèmes de discipline dès le début de la journée, à l'arrivée des autobus scolaires, coordonner les programmes pédagogiques et assister aux réunions. Autrement dit, elle avait exactement les mêmes obligations que notre directeur, et même plus. Pourtant, elle a réussi à établir une communauté d'apprentissage professionnelle dans son école en très peu de temps. Comment a-t-elle pu y arriver ? Disposait-elle de temps supplémentaire ? Aucunement. Avait-elle moins de responsabilités ? Non. Elle avait les mêmes obligations. Cependant, elle a adopté un point de vue différent par rapport à son travail. Plutôt que de se concentrer sur le fait de « poser de la brique », elle a choisi de « bâtir une cathédrale ».

Commencer par le commencement

Les experts de la théorie organisationnelle offrent certaines pistes quant à la façon dont un dirigeant efficace gère son temps. Stephen Covey (1989, p. 49) suggère : « On peut résumer en une phrase l'essentiel des meilleures approches dans le domaine de la gestion du temps : il s'agit d'organiser et d'exécuter les priorités. ». Par ailleurs, l'un des principes de la gestion efficace est devenu un axiome dans le domaine : un dirigeant devrait accomplir d'abord les tâches essentielles, et laisser tomber les tâches secondaires (Drucker, 1992).

Notre directrice d'école a réussi à bâtir une communauté d'apprentissage professionnelle parce ce qu'elle se concentrait uniquement sur les tâches essentielles. En poursuivant son histoire, nous illustrerons les quatre priorités essentielles d'un dirigeant qui établit une communauté d'apprentissage professionnelle (CAP) :

1. Approche axée sur l'apprentissage
2. Approche axée sur une culture de collaboration
3. Approche axée sur les résultats
4. Informations pertinentes fournies au moment opportun

Première priorité d'une CAP : Approche axée sur l'apprentissage

Dès son entrée en poste, cette directrice a établi clairement que la fonction principale de l'école serait **l'apprentissage**. Elle et son personnel sont allés plus loin que l'énoncé de mission habituel d'une école : ils se sont penchés sur les méthodes, les programmes éducatifs et les procédés de l'école et leurs effets sur l'apprentissage lui-même. En posant des questions pertinentes à son personnel, avec beaucoup de doigté, elle l'a amené à aborder les aspects essentiels d'une communauté d'apprentissage professionnelle.

Sa première question était fort simple : « Notre énoncé de mission indique ceci : nous nous engageons à ce que tous les élèves réussissent dans leur apprentissage. Dans ce cas, qu'est-ce que chaque enfant doit apprendre, par année d'études et par matière ? » Pour répondre à cette question, elle a demandé aux membres du personnel de faire davantage que de récolter des opinions. Elle leur a fourni de la documentation sur les normes de la Virginie et du district et sur les recommandations d'associations professionnelles quant au programme d'études, ainsi que des manuels de l'enseignant pour diverses matières. Elle les a également aidés à analyser les forces et les faiblesses des élèves dans les examens de l'État et du pays pour l'année précédente. Elle leur a demandé de repérer les aptitudes qui étaient requises pour l'examen de la Virginie, mais absentes du programme d'études de l'école. Autrement dit, elle les a aidés à acquérir collectivement de l'information sur les meilleures approches à adopter pour le programme d'études, ainsi que sur le niveau de rendement actuel des élèves, **avant** de leur demander d'établir ce que chaque élève devrait savoir et savoir faire dans chaque classe, chaque discipline et chaque sujet.

Elle a ensuite demandé à son personnel d'identifier des éléments du programme actuel qui pourraient être éliminés, afin d'allouer plus de temps à ses objectifs prioritaires. Ensemble, la directrice et son personnel ont abordé l'un des défis principaux d'une école qui vise à devenir une communauté d'apprentissage professionnelle : éliminer le contenu superflu du programme d'enseignement. Un consensus s'est graduellement formé sur ce qui constituait l'essentiel du contenu. Le reste a simplement été coupé. Chaque enseignant, dans chaque classe, avait ainsi une réponse claire à la question « Quelles aptitudes et connaissances les élèves doivent-ils acquérir ? »

En second lieu, la directrice a demandé à son personnel de répondre à la deuxième question clé d'une communauté d'apprentissage professionnelle : « Maintenant que nous avons établi ce que les élèves doivent apprendre, comment saurons-nous s'ils l'ont appris ? » À cet effet, les enseignants ont entrepris de développer des méthodes d'évaluation communes pour chaque année d'études. Le personnel s'est entendu sur le fait que des notes dans la moyenne étaient insuffisantes dans une école dédiée à la réussite de tous les élèves. Les enseignants ont donc établi, en collaboration, des indicateurs de rendement pour chaque examen et chaque contrôle, indicateurs qui leur permettraient d'évaluer le degré de maîtrise des élèves selon les objectifs visés. Comme ils souhaitaient également employer des évaluations de rendement pour faire le suivi de l'apprentissage, ils établirent des critères qui leur permettraient de jauger la qualité du travail des élèves. Des équipes d'enseignants se sont alors formées afin d'appliquer ces critères et de les ajuster, jusqu'à ce qu'ils leur permettent d'évaluer le travail des élèves de manière constante. Les méthodes d'évaluation communes et l'application uniformisée des critères de rendement ont permis aux enseignants de cette école d'améliorer de beaucoup leur capacité à évaluer correctement et régulièrement l'apprentissage de chaque élève.

La directrice de l'école a ensuite demandé à son personnel de répondre à la question qui distingue fondamentalement une communauté d'apprentissage professionnelle d'une école traditionnelle : « Comment réagirons-nous lorsque certains élèves n'assimilent pas le contenu ? » Le fait que certains élèves n'acquièrent pas les connaissances voulues dès le départ n'est pas surprenant. Dans toutes les écoles d'Amérique du Nord ou presque, chaque enseignant entame l'année scolaire en donnant le meilleur de lui-même et en espérant qu'il aidera tous ses élèves à apprendre. Cependant, dès la troisième ou quatrième semaine de classe, il devient évident que certains élèves n'assimilent pas le contenu. Bien que ce phénomène se produise dans toutes les écoles, chaque année, la réaction varie beaucoup d'un établissement à un autre.

Dans la plupart des écoles, les élèves et les enseignants concluent chaque année une entente tacite. L'enseignant pourrait dire, par exemple :

> « Écoutez, les enfants, nous avons trois semaines pour apprendre ce sujet. Je ne peux pas vous donner quatre semaines. Il y a trop de matière au programme. De plus, nous avons seulement 50 minutes par jour à accorder à ce sujet. Je ne peux pas vous accorder 55 minutes. La cloche va sonner et vous devrez vous rendre au prochain cours. Donc, le temps que nous avons est limité et c'est le même pour tous : 50 minutes par jour pendant trois semaines. Le soutien que je peux accorder à chacun est lui aussi limité. Je ne peux pas vous accorder beaucoup d'attention individuelle. J'ai trop d'élèves, et il ne serait pas juste de ralentir le reste de la classe pour ceux qui avancent moins rapidement. »

Cependant, qu'arrive-t-il lorsque l'école considère que le temps et le soutien accordés à chaque élève sont des constantes ? Quelle est la variable qui en résulte ? L'apprentissage. Sujet par sujet, certains élèves atteignent les objectifs, d'autres non. La plupart des écoles se contentent de considérer l'apprentissage comme une variable, alors que le temps et le soutien accordés sont considérés comme des constantes. Ce n'est pas le cas dans une communauté d'apprentissage. Dans une CAP, l'apprentissage est la constante visée. Le personnel déclare alors : « Voici nos objectifs **essentiels**. Ce ne sont pas simplement des objectifs souhaitables ou de bonnes occasions d'apprentissage. Nous croyons que ces objectifs sont essentiels et que tous les élèves peuvent les atteindre. Nous allons donc trouver le moyen d'accorder du temps et du soutien supplémentaires aux élèves en difficulté. »

En conséquence, notre directrice d'école et ses enseignants ont mis au point des stratégies afin de s'assurer que chaque élève ayant des difficultés d'apprentissage recevrait du temps et du soutien supplémentaires au cours de la journée. L'une de ces stratégies consistait à employer les fonds d'une subvention pour engager un tuteur et développer des guides d'enseignement destinés aux parents, afin qu'ils puissent approfondir avec l'enfant les aptitudes enseignées. En fournissant cette documentation aux parents, le personnel de l'école leur lançait le message suivant : « Nous savons que vous souhaitez voir vos enfants apprendre. Voici des outils qui vous permettront d'aider votre enfant à la maison, afin qu'il puisse atteindre ses objectifs d'apprentissage essentiels. »

Voici quelques-unes des autres démarches que la directrice a ensuite entamées :

- Elle a créé des **partenariats avec des entreprises**, de sorte que leurs employés puissent travailler individuellement avec les élèves.
- En collaboration avec l'école secondaire, elle a fondé un programme de **stages**. Ainsi, les étudiants du secondaire qui songeaient à une carrière dans l'enseignement pouvaient accorder une partie de leur journée scolaire aux élèves du primaire pour les aider à acquérir leurs aptitudes.

- Elle a développé pour l'école un **système d'enseignement par les pairs**. Ainsi, une fois par semaine, chaque élève de maternelle recevait l'aide d'un élève de cinquième année, qui l'aidait à maîtriser ses aptitudes essentielles.

- Avec le personnel, elle a dressé un **horaire global** qui permettait aux élèves de recevoir de l'enseignement individuel ou en petits groupes, sans qu'ils aient à quitter la classe pendant les périodes d'enseignement magistral.

Bref, cette directrice s'est assurée que chaque élève qui en avait besoin recevrait du temps d'enseignement et du soutien supplémentaires. Sa constance quant à l'importance de l'apprentissage a permis au personnel enseignant de renforcer son engagement face à cette priorité fondamentale de l'école.

Si vous comptez établir une communauté d'apprentissage professionnelle dans votre école, vous devez vous poser les questions suivantes :

1. Est-ce que tous les enseignants connaissent les savoirs et aptitudes que chaque élève doit acquérir sur chaque sujet, dans chaque matière et à chaque année d'études ?

2. Quelles méthodes sont employées pour évaluer régulièrement l'apprentissage de chaque élève ?

3. Quelles mesures sont prises lorsqu'un élève n'assimile pas le contenu ? Comment l'école réagit-elle ?

4. Quelles structures sont en place pour offrir à ces élèves du temps d'enseignement et du soutien supplémentaires ?

Si vous êtes convaincu de vouloir transformer votre école en communauté d'apprentissage professionnelle, l'apprentissage doit venir en tête de vos priorités.

Lorsque j'ai obtenu mon premier poste de directeur d'école, je ne comprenais pas l'importance de mettre ainsi l'accent sur l'apprentissage. En fait, je croyais qu'en tant que dirigeant pédagogique, ma première responsabilité était de superviser l'enseignement. Je demandais aux enseignants de me donner des descriptions de cours détaillées, qui indiquaient le contenu du cours et le calendrier d'enseignement. À l'occasion, je demandais à consulter leurs plans de leçon, afin de faire un suivi. J'utilisais, notamment, un modèle de supervision très élaboré pour l'observation des enseignants en classe. À cet effet, je convoquais des réunions du personnel avant la phase d'observation, afin que les enseignants puissent me dire ce qu'ils allaient enseigner et comment ils comptaient le faire. Pendant l'observation en classe, je prenais des notes détaillées sur ce que les enseignants disaient et faisaient pendant les cours. Ensuite, je rencontrais chaque enseignant afin d'analyser avec lui ses méthodes, telles que je les avais observées. Puis, nous discutions des améliorations possibles dans l'enseignement de la leçon. J'étais très compétent dans cette méthode de supervision et j'y passais des heures et des heures chaque année. Ce n'est que beaucoup plus tard que j'ai compris que je me trompais de cible dans mes efforts. Plutôt que de poser la question : « Qu'est-ce que les enseignants enseignent et comment ? » j'aurais dû poser la suivante : « Est-ce que les élèves apprennent ? » Un engagement constant envers l'acquisition du contenu par les élèves est le premier but d'une communauté d'apprentissage professionnelle.

Deuxième priorité d'une CAP : Approche axée sur une culture de collaboration

La seconde priorité d'une communauté d'apprentissage professionnelle est l'établissement d'une culture de collaboration, où les enseignants forment des équipes et travaillent de façon interdépendante à des objectifs communs. Le défi qui se présente alors aux dirigeants n'est pas de former les équipes elles-mêmes, mais de faire en sorte qu'elles disposent du temps, de l'encadrement et du soutien essentiels au travail collaboratif. La directrice d'école de notre exemple a employé diverses stratégies pour relever ce défi.

Tout d'abord, elle a formé des équipes de façon à ce que chaque membre du personnel puisse y collaborer. La plupart des équipes étaient établies par année d'études, mais les enseignants collaboraient aussi en équipes interdisciplinaires et verticales (composées d'enseignants de différentes années). Elle a ensuite dressé un horaire global qui donnait à chaque équipe-année une période de rencontre hebdomadaire, et à chaque équipe verticale une période de rencontre mensuelle. En effet, il serait injuste d'imposer la collaboration aux enseignants sans leur donner, pendant les heures de travail, le temps nécessaire au travail d'équipe. En garantissant aux enseignants, pendant les heures d'école, des périodes pour les rencontres d'équipe, la directrice indiquait clairement que le travail en collaboration était une priorité pour l'école.

Son défi suivant consistait à s'assurer que les enseignants employaient de manière productive le temps réservé à la collaboration. Au début, des enseignants qui ont passé toute leur vie à travailler seuls peuvent éprouver une certaine difficulté à collaborer efficacement. Les conversations passent souvent à des sujets moins pertinents quant au rendement des élèves, tels que le nombre de points à déduire lorsqu'un élève remet un travail en retard, combien de temps accorder à tel sujet, ou encore quel roman sera assigné aux élèves pour le cours de français. La directrice de notre exemple a aidé ses enseignants à se concentrer sur les sujets pertinents aux résultats des élèves en leur fournissant 15 questions essentielles (reproduites à la page 170 de la section Outils et modèles).

À la lecture de ces questions, on constate qu'elles découlent de trois questions principales :

1. Que voulons-nous que les élèves apprennent ?
2. Comment saurons-nous si les élèves l'ont appris ?
3. Quelles sont les mesures à prendre si les élèves ne l'apprennent pas ?

La directrice a également fourni du soutien aux équipes afin de les aider à surmonter les obstacles qui se présenteraient inévitablement. Elle leur a demandé de **rédiger des protocoles** faisant état des **normes** qui régiraient leurs rencontres. Ce protocole tenait lieu d'engagement, de la part de chaque membre de l'équipe, à faire en sorte que le groupe travaille efficacement. Chaque équipe devait ensuite se reporter au protocole et y adhérer strictement lors des rencontres.

La directrice assistait régulièrement aux rencontres d'équipe et offrait commentaires et encouragements. Elle demandait à chaque équipe de **rédiger et de remettre le produit de ces rencontres**, c'est-à-dire les documents qu'ils avaient rédigés en répondant à chacune des 15 questions. En faisant le suivi des documents produits par chaque équipe, la directrice pouvait identifier les équipes en difficulté. Elle composa également une

fiche de commentaires hebdomadaire qui permettait à chaque équipe de lui fournir un compte rendu des sujets de discussion et des problèmes rencontrés cette semaine-là. Elle fournissait ensuite une rétroaction à chaque équipe, chaque semaine, à partir de ces fiches de commentaires.

De plus, elle demandait aux équipes de dresser des **évaluations semestrielles** de leur travail collaboratif. Deux fois par an, chaque équipe devait se pencher sur les questions suivantes :

- Sommes-nous fidèles à notre protocole ?
- Donnons-nous la priorité aux questions essentielles ?
- Produisons-nous les documents qui sont exigés de l'équipe ?
- Atteignons-nous nos objectifs ?

La deuxième priorité de la directrice était l'établissement d'une culture de collaboration, où les enseignants travaillaient ensemble pour aborder les questions essentielles de l'enseignement et de l'apprentissage. Voici certaines des questions à se poser lorsque l'on travaille à établir une communauté d'apprentissage professionnelle dans une école :

- Quelle est la nature des équipes de travail de l'école ?
- Comment ces équipes sont-elles structurées ?
- À quel moment les équipes se rencontrent-elles ?
- Les équipes disposent-elles de temps pendant les heures de travail ?
- Les conversations en équipe se concentrent-elles sur des sujets visant l'amélioration des résultats des élèves ?

- L'équipe guide-t-elle son travail par son protocole et les normes qu'il contient, tel que rédigé et approuvé par les membres de l'équipe ?
- Les équipes sont-elles tenues d'évaluer leur travail ? Si c'est le cas, quels sont les critères d'évaluation ?

Troisième priorité d'une CAP : Approche axée sur les résultats

La troisième priorité de la directrice d'école était que l'efficacité de l'école soit évaluée selon les résultats obtenus, plutôt que selon les intentions formulées. Avec son personnel, elle a dressé un dossier de renseignements sur l'école dans son état actuel : structure, culture et indicateurs de rendement des élèves. En guidant le personnel vers un consensus, elle leur a permis de clarifier leur vision de l'école, selon ce qu'ils souhaitaient accomplir par leur travail. Elle a également demandé à chaque équipe d'établir des objectifs précis, qui serviraient ensuite de repères pour l'amélioration des résultats de l'école.

Ce processus de collecte et de partage des renseignements fut mis en branle au cours de l'été. La directrice rencontrait chaque enseignant tour à tour et lui présentait des articles de recherche sur les caractéristiques des écoles qui démontraient des améliorations. Suivait ensuite une discussion de ces caractéristiques avec l'enseignant. Voici les questions qu'elle posait :

- Quelles sont les forces de notre école ?
- Quelles sont vos espérances par rapport à l'école, et quelle est la situation idéale, selon vous ?
- Quelles modifications devons-nous apporter pour réaliser cette situation ?

- Comment pourrons-nous évaluer nos progrès ?

Ces conversations ont servi de base à l'établissement d'une vision commune pour l'avenir de l'école. En se basant sur les idées et les espérances de chacun, elle a élaboré un énoncé de vision, qu'elle a ensuite présenté au personnel enseignant en début d'année. Elle a invité les enseignants à considérer l'énoncé et à le modifier, en s'exprimant ainsi : « Voici ce que j'ai compris, venant de votre part. Est-ce que cela correspond à ce que vous envisagez pour cette année scolaire ? Est-ce que cela exprime bien l'avenir que nous envisageons pour l'école ? »

Les membres du personnel enseignant ayant approuvé l'énoncé de mission, la directrice les a invités à analyser le rendement actuel des élèves. Selon les renseignements disponibles, le personnel a décidé collectivement de se concentrer sur deux objectifs précis touchant l'ensemble de l'école, afin de les guider vers leur vision commune. Il faut noter que l'école a choisi deux objectifs, et non cinquante ! Le personnel s'est entendu pour viser des améliorations dans les domaines de l'alphabétisation et des aptitudes en mathématiques, selon les critères d'évaluation du district, de l'État et du pays.

La directrice a eu un éclair de génie en aidant chaque équipe-année à :

- établir avec précision les résultats actuels des élèves en langues et en mathématiques, selon l'année d'études ;
- établir un objectif SMART pour améliorer ces résultats.

Établir des objectifs est toujours difficile, tant pour les écoles que pour les enseignants. Il arrive souvent que les objectifs soient impossibles à évaluer, par exemple : « Notre objectif est de faire en sorte que chaque enfant apprenne toute sa vie ».

Ce but, bien que noble, est cependant impossible à mesurer, à moins de suivre chaque élève pendant les cinquante prochaines années. Une autre erreur commune consiste à établir des objectifs qui visent des activités plutôt que des résultats, tels que : « intégrer l'informatique dans le programme d'études » ou encore « augmenter la proportion d'apprentissage coopératif de 25 % ». Dans l'école de notre exemple, la directrice a aidé chaque enseignant à se faire la main pour la rédaction d'objectifs SMART, c'est-à-dire d'objectifs qui sont :

<u>S</u>pécifiques et stratégiques

<u>M</u>esurables

<u>A</u>tteignables

Axés sur les <u>R</u>ésultats

Limités dans le <u>T</u>emps

Par exemple, l'équipe des enseignants de première année a su que l'année précédente, 65 % des élèves de première année du district avaient obtenu une note de 3 ou plus dans le contrôle de lecture de fin d'année. Les enseignants ont décidé de monter la barre en établissant l'objectif SMART suivant : « À la fin de l'année scolaire 2000-2001, 75 % des élèves de première année obtiendront une note de 3 ou plus dans le contrôle de lecture du district. » En se concentrant sur les résultats à atteindre, chaque équipe d'enseignants a su transformer les bonnes intentions de l'énoncé de vision de l'école en objectifs précis qui, une fois réalisés, feraient évoluer l'établissement vers cette vision.

Un directeur, pour aider son école à devenir une communauté d'apprentissage professionnelle, doit poser les questions suivantes :

- Quel est le rendement actuel des élèves de l'école ? (Ce rendement peut-il être déterminé à l'aide de données ? Ces données sont-elles bien comprises par les enseignants ? Avons-nous une idée claire de la situation future que nous souhaitons pour l'école ?)
- La vision de l'école quant à son avenir est-elle partagée par tout le personnel ?
- Avons-nous pris des engagements sur ce que chacun de nous compte faire pour que l'école évolue dans la bonne direction ?
- Avons-nous traduit la vision commune de l'école en objectifs SMART ?
- Chaque équipe a-t-elle établi les objectifs SMART qu'elle suivra pour faire évoluer l'école vers sa vision ?

Quatrième priorité d'une CAP : Information pertinente fournie au moment opportun

Des données brutes aux renseignements utiles

En Amérique du Nord, l'idée d'une école dont le fonctionnement se base sur des données est de plus en plus répandue. En fait, je crois que les écoles n'ont jamais manqué de données. Les écoles et commissions scolaires disposent habituellement d'une foule de chiffres pertinents. Le problème est que les renseignements pertinents ne se rendent pas jusqu'au personnel des écoles, qui pourrait les employer afin de déterminer ce qui fonctionne ou pas. Les données en elles-mêmes ne sont pas des renseignements. Le fait qu'une personne, à un échelon ou à un autre du système scolaire, détient des données sur le rendement des élèves ne garantit pas que les enseignants pourront les utiliser pour évaluer leur travail ou l'améliorer.

Avec le temps, j'ai récolté de nombreuses anecdotes qui illustrent bien la différence entre l'acquisition de données et l'obtention de renseignements. En voici une : elle provient d'une entrevue avec un enseignant qui postulait un poste à l'école secondaire Adlai Stevenson. Il avait enseigné la physique en Iowa pendant plus de vingt ans. Lorsque je lui ai demandé des preuves de son efficacité en tant qu'enseignant, il m'a répondu :

> Je n'en ai aucune preuve. Je ne sais pas si j'ai été un enseignant efficace. Je n'ai aucun moyen de savoir si mes élèves ont mieux appris la physique, ou moins bien, que les autres élèves de l'école, de l'Iowa ou des États-Unis. À l'occasion, un ancien élève revient de l'université et me dit que mon enseignement l'a aidé dans ses cours de physique. Mis à part ces rares témoignages, je n'ai aucun moyen de mesurer mon efficacité en tant qu'enseignant.

Je pense que ce genre de situation est assez courante. La plupart des enseignants, s'ils répondaient en toute franchise à la même question, donneraient une réponse similaire. « Je n'ai aucun moyen de savoir à quel point j'ai aidé mes élèves à atteindre les objectifs essentiels de l'enseignement, par rapport à d'autres élèves qui visaient les mêmes objectifs pédagogiques. » On dit parfois que les enseignants ne s'intéressent pas aux données. Je crois que c'est faux. Les enseignants s'intéressent aux données lorsqu'elles sont interprétées et transmises sous forme de renseignements pertinents.

Stratégies de communication de l'information

La directrice d'école de notre exemple avait décidé de donner à ses enseignants, au moment où ils en auraient besoin, des renseignements pertinents et utiles sur le niveau d'apprentissage de leurs élèves. Elle s'est assurée que les équipes comprenaient leurs objectifs particuliers, puis elle leur a fourni périodiquement des renseignements pertinents sur leurs progrès. Elle fournissait les renseignements équivalents aux enseignants, afin qu'ils puissent évaluer les efforts de leurs élèves selon un indicateur établi en collaboration et mesuré par un examen normalisé. Ils pourraient ainsi comparer les résultats à ceux obtenus à travers l'école par d'autres élèves visant le même indicateur. Ses enseignants se sont entendus sur les objectifs essentiels dans chaque matière, puis ont créé des méthodes d'évaluation communes basées sur ces objectifs. Cependant, le personnel ne s'est pas contenté d'enseigner, puis d'évaluer et d'espérer. Il a également établi une norme à atteindre. Pour ce faire, les enseignants ont déterminé le niveau de rendement qui indiquerait une maîtrise suffisante dans chaque examen ou contrôle. Avec ces méthodes d'évaluation communes, chaque enseignant pouvait ainsi comparer les résultats de ses élèves par rapport à ceux de l'ensemble des élèves ayant passé le même examen.

Cette méthode comportait des avantages autant pour les élèves que pour les enseignants. En effet, un élève qui ne réussissait pas un examen du premier coup recevait du temps d'enseignement et du soutien supplémentaires, jusqu'à ce qu'il maîtrise la matière. Lorsque l'enseignant constatait qu'une

Deux examens américains : l'American College Test et l'Advanced Placement Subject Test

En tant que directeur d'école secondaire aux États-Unis, j'ai pu observer un phénomène assez intéressant : chaque année, nos élèves et leurs parents étaient nerveux à l'approche d'un examen crucial, l'American College Test (ACT). Comme cet examen joue un rôle important dans le processus d'admission à l'université, les élèves et les parents cherchaient à se donner tous les avantages possibles. Les parents inscrivaient même leurs adolescents à des cours particuliers de préparation à l'ACT. Cet intérêt pour les notes obtenues était renforcé par les journaux locaux, qui comparaient d'année en année les écoles de la région selon les résultats de leurs élèves à l'ACT.

Les enseignants, en revanche, n'étaient pas vraiment intéressés par les notes obtenues à l'ACT. Cependant, la plupart de ces mêmes enseignants démontraient un vif intérêt pour une autre série d'examens fédéraux, les examens Advanced Placement Subject Test (AP) du College Board. Les enseignants des matières pertinentes aux AP sont alors devenus des étudiants des examens eux-mêmes. Ils collectionnaient les examens AP des années antérieures. Ils rédigeaient leurs contrôles afin qu'ils ressemblent aux examens AP. Ils se rendaient à des conférences afin d'échanger sur le sujet avec d'autres enseignants. Et ils étaient très impatients de recevoir les résultats ! Tout au long de l'été, je recevais des appels téléphoniques d'enseignants qui voulaient connaître les notes obtenues. Lorsqu'ils recevaient les résultats, ils analysaient chaque partie et chaque sujet des examens, pour savoir où les élèves avaient réussi et où ils avaient eu des problèmes, par rapport aux autres élèves des États-Unis qui avaient passé les mêmes examens. Et surtout, ils utilisaient ces renseignements pour planifier l'enseignement de leur cours l'année suivante, afin d'obtenir de meilleurs résultats.

Comment se fait-il que des enseignants quasi indifférents aux résultats de l'ACT, examen crucial, étaient pleins d'entrain lorsqu'il s'agissait des AP, beaucoup moins importants ? Les résultats des examens AP présentent quatre caractéristiques qui les rendent utiles aux enseignants des matières pertinentes.

Tout d'abord, les résultats des AP **représentent le rendement de leurs propres élèves**. Alors que l'ACT donne une mesure globale du rendement général des élèves dans une discipline donnée, les AP fournissent des renseignements spécifiques sur les résultats d'élèves individuels.

Deuxièmement, les résultats de l'ACT sont distribués sur une échelle de 36 points, alors que ceux des AP indiquent les résultats de chaque élève **par rapport à une norme établie**. Le rendement de chaque élève dans un examen AP particulier est évalué selon une échelle de notation sur cinq. Tout élève qui obtient une note de trois ou plus obtient une recommandation pour des crédits à l'université. La barre est haute, car les examens sont difficiles, mais en théorie, chaque élève peut atteindre la norme – la note – requise. À l'opposé, l'ACT est conçu de manière à ce qu'il y ait toujours des élèves qui soient notés dans l'échelon inférieur, soit de 1 à 10.

En troisième lieu, l'ACT se veut un examen d'aptitudes générales, alors que les examens AP visent à évaluer le degré de maîtrise de sujets précis. Chacun des examens AP est une

> **méthode d'évaluation valide** de l'apprentissage, puisqu'il mesure ce que chaque élève doit apprendre.
>
> Enfin, en quatrième lieu, les résultats des examens AP indiquent à l'enseignant le niveau de réussite de ses élèves **par rapport à d'autres élèves tentant d'atteindre la même norme.** Ces renseignements aident l'enseignant à repérer les forces et les difficultés de ses élèves. Il peut ensuite se servir de cette information pour modifier sa stratégie pédagogique, y compris le temps dévolu aux sujets, le matériel d'enseignement et les méthodes d'évaluation à utiliser.

bonne partie de ses élèves avait de la difficulté à maîtriser un sujet particulier, il pouvait demander de l'aide à ses collègues au cours de la prochaine réunion d'équipe.

On dit des autres professionnels qu'ils « pratiquent » leur profession. Un avocat dira par exemple : « Je pratique le droit depuis quinze ans » ; un médecin pourrait dire : « Je pratique la médecine depuis vingt ans ». En enseignement, on n'emploie pas cette expression. En fait, on l'utilise plutôt pour le stage qui suit le cours universitaire, où l'étudiant se « pratique » à enseigner, et où il apprend tout ce qu'il y a à savoir sur le métier d'enseignant. Dans l'école de notre exemple, cependant, les enseignants ont l'occasion de **pratiquer** l'enseignement tout au long de leur carrière. Ils se rassemblent chaque semaine pour entamer un dialogue professionnel sur les questions cruciales de l'enseignement et de l'apprentissage, et pour s'aider mutuellement à développer leurs compétences.

Je crois que ce dialogue, ancré dans les pratiques du métier, est le meilleur outil de formation professionnelle qu'une école puisse fournir à ses enseignants. Les pédagogues, trop souvent, ont tendance à croire que la formation professionnelle se limite aux ateliers et stages tenus à l'extérieur de l'école. Cependant, un développement professionnel de calibre ne se déroule pas uniquement dans ces ateliers et stages, mais également dans le milieu de travail, lorsque les enseignants se réunissent pour apprendre les uns des autres. C'est exactement ce genre de culture que la directrice d'école de notre exemple a créée dans son établissement. Elle savait que la clé de l'amélioration de l'école résidait dans son personnel. Elle a donc travaillé avec ses enseignants pour établir des conditions leur permettant d'évoluer et de se perfectionner dans le cadre de leurs pratiques quotidiennes.

Dans la plupart des écoles, la formation des enseignants est considérée comme distincte de leur travail. On dira par exemple qu'un enseignant travaille (c'est-à-dire qu'il enseigne) 176 jours par année, et qu'il apprend pendant quatre jours, alors qu'il assiste à un atelier de formation continue. Dans l'école de notre exemple, la directrice ne faisait aucune différence entre le travail et l'apprentissage. Les enseignants se réunissaient chaque semaine pour travailler ensemble et apprendre les uns des autres.

Le personnel enseignant de cette école bénéficiait de quatre outils précieux :

1. Un système de soutien solide pour assister les élèves en difficulté.
2. Une définition claire et précise de ce que les élèves devaient apprendre.

3. Une rétroaction approfondie sur les résultats de leurs élèves.
4. Une collaboration entre collègues favorisant le développement professionnel.
5. Le temps nécessaire à ce travail collaboratif.

Si seulement chaque enseignant, dans chaque école, disposait des mêmes outils !

Les écoles aspirant à devenir des communautés d'apprentissage professionnelles doivent se pencher sur les questions suivantes :

- Est-ce que chaque enseignant reçoit régulièrement de la rétroaction pertinente sur le rendement de ses élèves, par rapport à d'autres élèves visant les mêmes normes ?
- Comment les enseignants font-ils usage de ces renseignements ?
- Les enseignants se réunissent-ils en équipes pour marquer et célébrer les réussites des élèves et identifier les aspects exigeant une attention particulière ?
- Les enseignants collaborent-ils afin de se soutenir et de trouver des moyens d'améliorer les résultats individuels et ceux de l'équipe ?
- Un enseignant éprouvant des difficultés a-t-il quelqu'un à qui s'adresser et un système de soutien lui permettant de se perfectionner et d'évoluer ?

Les besoins humains fondamentaux

Enfin, la directrice de notre exemple a réussi à toucher directement les membres de son personnel en répondant à certains de leurs besoins fondamentaux. La psychologie nous apprend que parmi les besoins de l'être humain, on retrouve le **sentiment d'accomplissement personnel.** Dans la plupart des écoles, ce besoin est ignoré. Les pédagogues sont plutôt assaillis de critiques sur l'échec de l'école ; comme la plupart n'adoptent pas une approche axée sur les résultats, il leur est difficile de réfuter ces commentaires. Dans de telles écoles, chaque enseignant travaille dans l'isolement, sans pouvoir comparer ses efforts à ceux d'autres comme lui. Il ne dispose donc d'aucun moyen pour évaluer son propre rendement. Il ne peut pas vraiment répondre à la question : « Quel est mon niveau d'efficacité ? »

Dans notre exemple, les enseignants pouvaient répondre clairement et sans hésitation à cette question. Grâce au suivi constant des objectifs de l'école, chaque équipe pouvait identifier sa propre contribution à l'atteinte de ces objectifs. Cet effort concerté envers la réussite de chaque élève a donné lieu à des succès remarquables : des élèves qui connaissaient certaines difficultés ont reçu le soutien nécessaire pour les surmonter ; des enseignants ont pu élargir leurs compétences pédagogiques avec l'aide de leurs collègues ; des équipes ont atteint leurs objectifs.

Ces succès ont permis d'intégrer les célébrations à la vie de l'école. À chaque rencontre du personnel enseignant, les équipes annonçaient les réussites de leurs élèves, la réalisation d'un projet ou les résultats positifs qu'ils avaient constatés. Jennifer James (1996) propose que la culture d'une organisation repose sur les histoires que ses membres se racontent. Dans notre exemple, la directrice a contribué à renforcer la culture de l'école en décrétant qu'une partie de chaque rencontre d'équipe serait réservée aux histoires de réussite. Le résultat : les membres du personnel enseignant en sont venus à considérer qu'ils avaient atteint une certaine réussite personnelle et collective.

Un autre besoin fondamental de l'être humain est le **sentiment d'appartenance**, c'est-à-dire le besoin de faire partie d'un groupe. Ce deuxième besoin, lui aussi, passe inaperçu dans la plupart des écoles, puisque les enseignants travaillent souvent seuls. La directrice de notre exemple a tiré ses enseignants de l'isolement. Elle y est arrivée en établissant une nouvelle structure, où chacun était appelé à devenir un membre actif d'une équipe. Elle a également donné à ces équipes les moyens et l'encadrement nécessaires pour que leur travail soit productif. Au bout du compte, ces changements structurels ont peu à peu donné naissance à la culture de collaboration nécessaire pour que l'école puisse devenir une communauté d'apprentissage professionnelle.

Enfin, le dernier besoin fondamental dont nous parlerons est celui qui veut que **notre vie ait un sens**, c'est-à-dire que nous contribuons au monde qui nous entoure. Selon Victor Frankl (1959), cette recherche de sens est le but premier de la vie humaine. La raison la plus souvent citée, lorsque l'on interroge les pédagogues sur leur choix de carrière, est que cette voie leur permettra de faire une différence. Trop souvent cependant, les pédagogues perdent cette aspiration. En effet, les élèves ne répondent pas toujours à nos efforts. L'école et la commission scolaire réagissent souvent à l'enseignant d'une façon qui ressemble à de l'indifférence, résultat d'une bureaucratie envahissante. L'enseignant peut ainsi se sentir submergé par les défis et les problèmes auxquels il fait face et perdre la conviction qu'il peut changer quoi que ce soit à lui seul, et devenir indifférent et blasé.

Afin de répondre à ce besoin chez ses enseignants, la directrice de notre exemple en appelait continuellement à leur sens moral. Elle fit des héros de ses enseignants, célébra leurs efforts et leur rappela continuellement que le but premier de leur travail individuel et collectif était de contribuer positivement à la vie de leurs élèves. Tout en reconnaissant leurs frustrations et leur fatigue occasionnelle, elle rejetait d'emblée l'attitude plaignarde qui caractérise de si nombreuses écoles. Elle dressait sans relâche un portrait de la profession en tant que vocation noble et admirable, et comme étant le métier idéal pour tous ceux qui veulent contribuer à la vie des autres.

Cet appel moral à viser un objectif désintéressé, de servir autrui, aurait pu sembler faux si la directrice elle-même ne mettait en pratique cet engagement à rendre service. À la fin de sa première année en tant que directrice de l'école, elle apprit que le surintendant du district avait reçu une lettre, signée de tous les membres de son personnel, le remerciant de leur avoir envoyé une aussi bonne dirigeante. En voici un extrait :

> Sa personnalité et son leadership se résument en une phrase, qu'elle nous répète souvent : « Comment puis-je vous aider ? » Elle recherche sans relâche de nouveaux moyens de nous faciliter la tâche. Ce dévouement nous permet de consacrer plus de temps et d'efforts aux questions pédagogiques. Son affection pour ses enseignants est claire ; son amour des enfants et son intérêt pour leur bien-être sont manifestes. Elle nous répète sans cesse que nous devons prendre nos décisions « en fonction de l'intérêt des enfants ».

Un leadership au service du groupe

« Comment puis-je vous aider ? Qu'est-ce qui est dans l'intérêt des enfants ? » Lorsque ces questions sont celles qui motivent un dirigeant, on a affaire à un leadership au service du groupe. Robert Greenleaf plaide avec conviction la cause des « dirigeants serviteurs » dans *Servant As Leader* (1982) :

> Le dirigeant serviteur est d'abord serviteur. Cela découle du sentiment, bien naturel, qui fait que l'on veut servir, servir avant tout (...). Le meilleur moyen de déterminer si un dirigeant est un bon serviteur consiste à poser la question la plus difficile qui soit : « Les gens que l'on a servis se sont-ils développés en tant qu'êtres humains ? Sont-ils devenus plus sains, plus sages, plus libres, plus autonomes, ou encore plus aptes à servir eux-mêmes les autres ? »

La directrice d'école de notre exemple illustre parfaitement ce concept du dirigeant serviteur. La question essentielle qui motivait ses efforts était la suivante : « Comment puis-je faire pour aider mes enseignants à se développer pleinement en tant que professionnels, afin que nous soyons collectivement plus aptes à répondre aux besoins des enfants ? » En permettant aux membres de son personnel de s'épanouir, elle les a aidés dans leur capacité à contribuer à la vie de leurs élèves.

L'histoire de la réussite d'une CAP

Nous avons indiqué que les communautés d'apprentissage professionnelles étaient orientées vers les résultats. Quels sont-ils donc dans le cas qui nous intéresse ? Comment prouver que les efforts fournis pour établir cette communauté d'apprentissage professionnelle ont permis une amélioration des résultats ? Voici : le district comptait douze indicateurs de rendement pour évaluer le rendement des élèves. À la fin de la première année, le personnel apprit que l'école avait non seulement égalé le record existant pour l'un de ces douze indicateurs, mais qu'elle en avait établi de nouveaux pour les onze autres ! Cette école rurale, pauvre en ressources budgétaires, qui se plaçait dans les derniers 10 % de la Virginie pour ce qui était des dépenses par élève, avait atteint le 94e percentile dans les examens de l'État. En récompense des efforts fournis et des résultats atteints, l'école reçut le prix du gouverneur de la Virginie pour l'excellence dans les écoles.

En conclusion, la directrice d'école de notre histoire avait-elle plus de temps que ce directeur qui se plaignait de ne pas avoir le temps d'établir une communauté d'apprentissage ? Aucunement. De plus, souvenez-vous qu'elle n'avait pas d'assistant, et un minimum de personnel administratif. Elle commençait ses journées à cinq heures trente afin de trouver des suppléants et devait attendre jusqu'à dix-sept heures avant de quitter son bureau, soit jusqu'à ce que tous les autobus scolaires aient terminé leur parcours. Elle devait, à elle seule, s'occuper de la discipline de 450 élèves, coordonner les programmes pédagogiques, établir et gérer le budget de l'école, et ainsi de suite. Elle avait les mêmes obligations que l'autre directeur. De plus, elle était chef de famille monoparentale. Elle avait donc de grandes contraintes de temps, tant dans sa vie personnelle que professionnelle. La tâche n'a pas été facile. À l'occasion, elle s'est sentie frustrée et souvent, épuisée. Toutefois, elle a trouvé le temps et la persévérance nécessaires. Pour y arriver, elle s'est concentrée sans relâche sur les priorités inhérentes à une communauté d'apprentissage professionnelle, tout en remplissant les obligations de son poste.

La différence entre cette directrice et le directeur qui se plaignait du manque de temps ne réside pas dans les tâches que chacun avait à accomplir, mais plutôt dans la façon dont chacun voyait ses fonctions. La directrice remplissait ses obligations administratives, mais elle ne jugeait pas qu'elles étaient sa responsabilité principale. Elle savait que son rôle fondamental consistait à créer un environnement de travail permettant à ses employés de développer leur capacité individuelle et collective à contribuer à la vie des élèves.

C'est votre vie, et votre carrière. Comment voulez-vous en profiter ? En gérant l'immeuble de l'école ou en créant une communauté d'apprentissage professionnelle ? En posant de la brique ou en bâtissant une cathédrale ? Vous ne pouvez pas créer davantage de temps, mais vous pouvez choisir comment vous l'employez. Choisissez bien...

Chapitre 3

Sur le terrain : école primaire Boones Mill

Rebecca DuFour

J'ai entendu parler des communautés d'apprentissage professionnelles pour la première fois alors que, directrice adjointe, je me préparais à devenir directrice d'école dans le comté de Franklin, en Virginie. En vue de ce nouveau défi, j'ai décidé d'assister à une série de conférences sur le leadership au College of William and Mary. Le premier conférencier était Mike Schmoker, consultant en pédagogie et auteur de *Results* (1996) ; son discours portait sur les stratégies permettant aux écoles et aux enseignants de donner la priorité à leurs objectifs. Je me suis sentie encouragée par ses paroles : son message faisait écho aux principes de l'école efficace (Effective Schools Correlates) que le surintendant du comté avait introduits dans nos écoles, et confirmait le mérite de nombreuses méthodes déjà en usage dans les écoles publiques du comté de Franklin.

Le conférencier suivant était Richard DuFour. Il décrivit une école dont l'objectif premier était l'apprentissage, plutôt que l'enseignement, une école où :

- les intervenants étaient liés par une vision et des objectifs communs, ainsi que par des engagements collectifs ;
- les enseignants collaboraient en équipes afin d'aborder les questions essentielles de l'enseignement et de l'apprentissage ;
- des procédés visant une amélioration constante étaient intégrés aux pratiques quotidiennes ;
- l'approche privilégiée était axée sur les résultats.

J'étais très enthousiasmée par le modèle qu'il décrivait. Cette structure offrait précisément le cadre conceptuel que je souhaitais employer dans ma nouvelle école.

Dès mon retour aux bureaux de la division scolaire, j'ai fait part de l'information que j'avais acquise au sujet des communautés d'apprentissage professionnelles à mon superviseur et lui ai remis une copie du livre de Richard DuFour et Robert Eaker, *Professional Learning Communities at Work* (1998). Lui aussi fut enchanté par le modèle CAP. Nous avons donc rassemblé les administrateurs de nos écoles en équipes de travail afin de discuter du contenu de ce livre. La même année, une délégation de ces équipes assistait à une journée de conférences sur le sujet.

J'avais déjà pris mon poste de directrice d'école pendant cette période de formation, mais je dois dire en toute sincérité que je n'avais encore rien mis en œuvre de ce que j'avais appris. En effet, j'étais très hésitante à mettre ces idées en pratique. Je me disais que j'avais besoin de temps pour en apprendre davantage avant d'appliquer toutes les bonnes idées qu'on m'avait communiquées. Je me rends compte maintenant que je remettais la tâche au lendemain, plutôt que d'envisager les mesures à prendre afin d'intégrer les éléments d'une communauté d'apprentissage dans mon école.

À la fin de l'année scolaire, je quittai le comté de Franklin pour un poste au bureau régional d'un autre district. Mais l'évidence s'imposa rapidement : les enfants, les enseignants et l'atmosphère de l'école me manquaient. Je suis donc revenue à Franklin en tant que directrice de l'école primaire Boones Mill. Mon année d'expérience au bureau régional m'a aidée à comprendre qu'un directeur d'école efficace ne se contente pas d'étudier les améliorations possibles à son école : il prend également des mesures pour les mettre en pratique. En acceptant le poste de Boones Mill, je me suis juré de faire tout en mon pouvoir pour aider mon personnel à bâtir une communauté d'apprentissage professionnelle. Vous trouverez dans ce chapitre une description détaillée des étapes que nous avons suivies pour appliquer les stratégies, les concepts et la philosophie qui forment la base d'une CAP.

Reconnaissance de l'historique et établissement d'une base commune

Avant même de prendre mon poste de directrice, mon premier geste fut de jeter les bases de ma relation avec le personnel de l'école. Le directeur sortant consentit à ce que je rencontre le personnel enseignant pendant trois quarts d'heure, le dernier jour de l'année scolaire. Pendant cette période, je demandai trois choses aux membres du personnel :

1. Célébrer un succès de l'année scolaire qui se terminait.
2. Décrire leur emploi du temps au cours de l'été.
3. S'entendre avec les autres enseignants de leur année, ou encore avec les employés tenant des postes similaires,

afin de planifier une rencontre avec moi au cours de l'été.

En juillet, je rencontrais les membres du personnel en petits groupes et leur demandais de réfléchir et de répondre aux trois questions suivantes :

1. Qu'est-ce qui fait l'excellence de cette école ?
2. En tant que directrice, que dois-je savoir à propos de l'école ?
3. Quelles mesures pourrions-nous prendre ensemble pour améliorer l'école encore davantage ?

Les membres du personnel ont alors discuté ouvertement de leurs sentiments et de leurs espoirs. J'écoutais attentivement, notant tout ce que j'entendais, en opinant de la tête à l'occasion pour signifier que je comprenais leurs sentiments et leurs idées.

Ces discussions m'ont aidée à comprendre la situation de l'école, considérée du point de vue de son personnel. Les réponses aux questions posées étaient très semblables. Pour ce qui était des qualités de l'école, chaque participant, sans exception, a mentionné les gens : les enfants, les parents et, surtout, le personnel. Personne n'a donné de réponse du genre « Notre labo d'informatique est vraiment très bien » ou « Le nouveau manuel d'anglais ». Comme Robert et Richard l'ont souvent postulé, ce sont la culture de l'école et les gens qui la composent qui en font la qualité. Ce n'est pas son équipement, ni le matériel qu'on y utilise. Le personnel de ma nouvelle école le comprenait d'instinct.

En écoutant les réponses à la deuxième question, soit ce que je devais savoir au sujet de l'école, j'ai pu me faire une idée de son historique. Je voulais non seulement obtenir des renseignements utiles, mais également entendre les différentes versions de l'histoire de Boones Mill. Comme Robert et Richard nous le font remarquer, la culture d'une école repose sur les histoires qu'on s'y raconte.

Les réponses à la troisième question, soit comment l'école pouvait s'améliorer, nous ont aidés à établir une vision commune, basée sur des espoirs partagés. À la fin de l'été, tous les intervenants avaient pu communiquer leurs idées à propos de l'avenir de l'école.

Au mois d'août, j'ai compilé les idées communes issues de nos discussions et j'ai fait part du résultat au personnel enseignant pendant la première semaine d'école. Cet été-là, je n'ai jamais prononcé les mots « Nous allons maintenant établir notre vision commune », mais c'est exactement ce que nous avons fait. Au cours de ses présentations, Richard parle souvent de l'importance de s'adresser non seulement au sentiment professionnel des gens, mais aussi à leurs sentiments tout court, si l'on compte changer la culture d'une école. Comme nos rencontres se tenaient par petits groupes de collègues, le personnel s'est senti à l'aise et a pu discuter sans contrainte et s'exprimer en toute sincérité.

Formation d'un groupe directeur

L'étape suivante fut de dresser un cadre conceptuel qui nous guiderait vers notre vision commune. Les membres du personnel connaissaient bien les principes de l'école efficace (Effective Schools Correlates) et avaient étudié le programme Basic Schools. Au cours de l'été et de l'automne, je les ai aidés à se familiariser avec le vocabulaire et les concepts à la base d'une communauté d'apprentissage professionnelle. La lettre de bienvenue que je leur adressais à la rentrée contenait non seulement le travail qui leur était assigné et un projet d'horaire, mais également plusieurs articles que Richard avait rédigés au sujet des CAP pour le *Journal of Staff Development* (1997a ; 1997b ; 1997c). À cette occasion comme à d'autres, j'introduisais le vocabulaire et les concepts de la CAP, afin que nous puissions établir un langage commun et partager ces nouvelles idées, sans avoir jamais à prononcer les mots « Nous allons maintenant bâtir une communauté d'apprentissage professionnelle ». Je ne voulais pas que le personnel sente que sa nouvelle directrice allait débarquer et vouloir tout changer.

Ainsi, le jour où la CAP fut présentée au personnel enseignant en tant que modèle à suivre pour l'amélioration de l'école, l'initiative ne venait pas de moi, mais bien de notre groupe directeur. Ce groupe était l'équipe d'amélioration de l'école : elle était composée d'enseignants provenant de chaque année d'études et du programme d'éducation spécialisée, de membres du personnel de soutien, de deux représentants des parents, d'un membre du partenariat avec les entreprises et d'un retraité de la communauté. En début d'année scolaire, j'invitai les enseignants de cette équipe à un atelier d'une journée sur les CAP que Richard animait pour la Virginia Association for Supervision. À la fin de cette journée, les membres de l'équipe étaient prêts à servir d'ambassadeurs du programme auprès du personnel.

À notre retour à l'école, l'équipe d'amélioration fit une présentation au personnel enseignant. Je n'ai pris aucune part à cette présentation. Ce fut donc toute une expérience que de voir des enseignants communiquer eux-mêmes les concepts de la CAP à leurs collègues. La présentation de quinze minutes fut suivie de la vidéo de Richard, *How to Build a Professional Learning Community* (produit et distribué par Adlai Stevenson High School, Lincolnshire, Illinois). Les enseignants, séduits, applaudirent avec enthousiasme et se mirent d'accord pour intégrer les concepts de la communauté d'apprentissage professionnelle dans le plan d'amélioration de l'école.

Établir les bases

La prochaine étape consistait à établir un énoncé de mission à partir de l'énoncé existant de l'école. Nous avons d'abord établi notre vision, selon ce qui était ressorti de nos rencontres à propos des priorités et des espoirs du personnel. Nous avons ensuite rédigé des engagements collectifs, puis les avons intégrés au plan d'amélioration de l'école, afin de bien définir le rôle de chacun dans l'évolution de l'école vers notre vision commune. Enfin, nous avons établi deux objectifs globaux pour l'école : des améliorations des résultats des élèves dans les domaines des langues et des mathématiques, selon les méthodes d'évaluation du district, de l'État et du pays.

Ces éléments de base furent intégrés au plan d'amélioration de l'école et approuvés par le personnel enseignant à la fin du mois d'octobre. Ce qui prouve bien que d'établir la mission, la vision, les valeurs et les objectifs d'une CAP n'est pas nécessairement un travail de longue haleine ! Cependant, le fait de s'entendre sur ces énoncés ne suffit pas pour créer une communauté d'apprentissage. Nous devions continuer le processus et mettre en place la structure organisationnelle nécessaire.

Ajustement de la structure scolaire selon le modèle CAP

Une fois les bases jetées, nous avons entrepris de dresser une structure qui nous permettrait d'intégrer le modèle CAP. La première étape du processus fut de répartir le personnel en équipes. La plupart des enseignants se regroupèrent en équipes par année d'études ; les enseignants spécialisés (musique, art et éducation physique) formèrent une autre équipe dédiée aux élèves qu'ils avaient en commun. Même le personnel non-enseignant était regroupé en équipes.

Ensuite, nous avons établi un horaire qui nous permettrait de mettre nos priorités de l'avant. Pour dresser l'horaire global (page 173), j'ai tenu compte de trois besoins essentiels :

1. Blocs de temps importants et réguliers pour l'enseignement et l'apprentissage : deux heures consécutives d'enseignement ininterrompu, le matin ou l'après-midi. Les enseignants privilégiaient ces longues périodes pour enseigner les connaissances essentielles à tous les élèves.

2. Périodes de cours quotidiennes pour tous les élèves dans l'une ou l'autre des matières ou activités « spéciales », c'est-à-dire la musique, l'art, l'éducation physique, l'informatique, le travail en bibliothèque et l'orientation. Ces périodes quotidiennes donnaient également aux enseignants titulaires l'occasion de planifier et de compléter leurs tâches routinières.

3. Périodes hebdomadaires de collaboration et de planification pour toutes les équipes : blocs de temps ininterrompus de 60 à 70 minutes dédiés au travail d'équipe chaque semaine.

Sur le terrain : école primaire Boones Mill

Une fois l'horaire aménagé, nous nous sommes aperçus que le personnel ne comptait pas suffisamment de pédagogues spécialisés pour libérer des périodes de travail pour chacune des équipes. Nous avons alors usé de créativité et mis au point un système de jumelage entre les élèves de maternelle et ceux de cinquième année. Chaque semaine, l'infirmière, le bibliothécaire et moi prenions en main la planification et l'animation d'une période d'activité d'une heure pour ces 140 élèves. Dans cette période, chaque élève de cinquième année assumait le rôle de moniteur auprès de son compagnon de maternelle. Une grande part des leçons avait pour objectif la formation du caractère, un élément du curriculum de l'État de Virginie, en donnant aux élèves de cinquième année l'occasion de servir de modèles.

Une partie de chaque leçon consistait à poser une question à laquelle les élèves de maternelle devaient répondre, et qui visait à les faire réfléchir au sujet du jour. L'élève de cinquième année s'occupait alors de noter la réponse de son compagnon de maternelle dans un journal de bord. À la fin de l'année, ces journaux incluaient des photos et autres souvenirs des séances de jumelage, en plus des entrées écrites. Lors de la cérémonie annuelle pour les élèves de cinquième année, les élèves de maternelle ont chanté trois chansons pour leurs moniteurs, et chaque élève de cinquième année a remis à son compagnon de maternelle le journal de bord qu'ils avaient composé ensemble tout au long de l'année. C'est là un des moyens que nous avons employés, dans le cadre de l'amélioration de l'école, pour bâtir des relations entre les élèves de différents niveaux. En dédiant une heure par semaine aux activités de collaboration entre les élèves de cinquième année et de maternelle, nous leur avons permis de se connaître et de s'aider mutuellement.

Productivité des équipes

Notre école devait aussi établir des moyens de soutenir les équipes, afin qu'elles puissent être productives. Nous voulions nous assurer que leur travail aurait un effet tangible sur les résultats des élèves. Chaque équipe-année devait remplir quatre tâches :

1. Analyser les résultats des élèves pour l'année précédente.
2. Identifier les forces et les faiblesses de ces résultats.
3. Former un consensus en ce qui concernait la situation du rendement des élèves.
4. Identifier un objectif qui permettrait d'améliorer les résultats des élèves selon les deux priorités de notre plan d'amélioration de l'école : les langues et les mathématiques.

Chaque cible d'amélioration devait être énoncée sous la forme d'un objectif SMART, c'est-à-dire stratégique et spécifique, mesurable, atteignable, axé sur les résultats et limité dans le temps. Chaque équipe devait donc répondre à la question suivante : « Quel objectif spécifique, mesurable et axé sur les résultats pouvons-nous définir afin de contribuer à la réalisation des objectifs de l'école ? » L'objectif de chaque équipe fut ensuite intégré au plan d'amélioration de l'école.

En guise d'exemple, prenons l'examen de contrôle du comté visant à évaluer les aptitudes des élèves de maternelle nécessaires à l'apprentissage de la lecture en première année :

Au cours de l'année scolaire 1999-2000, 84 % des élèves de maternelle avaient obtenu une note de 2 (la note souhaitée), ou plus, dans ce contrôle. L'équipe de maternelle s'est alors fixé un objectif pour améliorer la situation : de 84 % des élèves atteignant la norme, on viserait à passer, avant la fin de l'année scolaire 2000-2001, à une proportion de 87 % des élèves atteignant cette norme. À la fin de l'année, 97 % des élèves de maternelle obtenaient la note visée.

Chacune des équipes a connu des succès dans l'atteinte de ses objectifs. Pour chacun des indicateurs fixés cette année-là selon les modèles d'évaluation du district et de l'État, nous avons soit maintenu les résultats existants, soit nous les avons dépassés, parfois même de 16 à 18 points. Nos efforts concentrés sur le rendement ont réellement aidé les élèves.

L'un des aspects les plus importants d'une communauté d'apprentissage consiste à faire correspondre la structure de l'école et ses activités avec le plan d'amélioration de l'école et sa mission, sa vision, ses valeurs et ses objectifs. En effet, il ne s'agit pas d'activités isolées, mais bien d'un processus cohérent et continu. Le personnel de l'école s'est entendu pour que les efforts collectifs visent le rendement des élèves dans deux domaines particuliers, puis s'est concentré sur les activités essentielles à l'amélioration de l'apprentissage. Chaque équipe était tenue de participer à ce travail collectif. Les enseignants ont compris qu'en maintenant le cap sur les objectifs de leur équipe, ils participeraient à la réalisation des objectifs de l'école entière.

Chaque équipe était libre de définir ses activités de formation professionnelle, tout en s'assurant qu'elles étaient directement reliées à ses objectifs. J'encourageais les enseignants à travailler de concert en leur fournissant les fonds et le temps nécessaires aux projets d'équipe. J'acquiesçai également à ce que la participation aux projets d'équipe remplace une partie des périodes d'observation en classe par la directrice. Autrement dit, nous avons tenté de concentrer, de coordonner et de maximiser la portée de nos efforts, afin que les enseignants n'aient jamais l'impression de se diriger dans plusieurs directions à la fois.

Une autre stratégie structurelle consistait à ce que chaque équipe développe un protocole, c'est-à-dire une liste de règles qui régiraient le travail de ses membres. Bien que nombre de nos enseignants aient travaillé dans le même immeuble pendant des années, ils n'avaient jamais formé d'équipes de travail et n'avaient jamais eu à compter les uns sur les autres pour atteindre un objectif commun. Afin de faciliter la transition, chaque équipe était tenue d'établir des règles de fonctionnement précises qui faciliteraient leur travail en commun. L'équipe pouvait alors établir son propre protocole et ses propres normes, en intégrant cependant une seule règle obligatoire : l'auto-évaluation de l'équipe deux fois par an. La formule servant à cette évaluation est reproduite à la page 168. Nous évaluions également le rendement de l'équipe à la fin de l'année scolaire, afin qu'elle puisse faire le suivi de ses progrès et identifier les aspects à améliorer dans son travail.

Un autre outil nous a été utile : la fiche de commentaires, qui apparaît à la page 167. Une fois par semaine, chaque équipe remplissait cette fiche et me la remettait. Je lisais les fiches et y répondais par écrit, puis je faisais parvenir une copie de ma réponse à chaque membre de l'équipe dans les 48 heures. Ce système me permettait de maintenir une communication régulière avec les équipes, même lorsque je n'assistais pas à leurs réunions. Je tenais également des archives contenant les fiches de commentaires, et demandais à chaque équipe de faire la même chose. Ces archives furent un excellent moyen de documenter les sujets de discussion et les progrès des équipes.

Je demandai également à chaque équipe de mettre au point, pour chaque matière, un plan de base commun pour les leçons et un guide de progression. Les enseignants se sont entendus pour enseigner les mêmes concepts et aptitudes au même rythme, et pour employer des méthodes d'évaluation communes afin de suivre l'apprentissage des élèves. Les plans de leçon de base ne décrivaient pas les méthodes pédagogiques particulières à employer. Chaque enseignant pouvait donc décider de la façon d'enseigner le contenu. Nous avions à cœur de laisser leur autonomie aux enseignants pour cet aspect de leur travail.

La participation des parents était également encouragée : à cet effet, chaque équipe a produit un guide d'aide aux devoirs destiné aux parents. Les équipes ont ensuite rencontré les parents pour leur présenter les guides et leur offrir des conseils sur la façon de renforcer, à la maison, les concepts appris à l'école.

L'une des pires situations dans lesquelles une équipe peut se trouver est de se retrouver autour d'une table sans pouvoir répondre à la question : « Pourquoi sommes-nous ici ? » J'ai appris que le meilleur remède à ce manque de vision était de demander à chaque équipe de **produire** quelque chose. Nos équipes ont produit des objectifs SMART, des plans de leçons, des guides de progression, des contrôles, des protocoles, des guides pour les parents, des méthodes d'évaluation communes, des fiches de commentaires hebdomadaires, des comptes rendus des résultats des élèves dans les évaluations, ainsi que les stratégies qu'elles comptaient employer pour améliorer ces résultats.

Le projet PASS : répondre aux besoins des élèves qui n'assimilent pas le contenu

Tout en réalisant ces activités, nous n'avons jamais perdu de vue que leur but ultime était d'améliorer l'apprentissage des élèves. Régulièrement au cours de l'année, lors de nos rencontres d'équipe ou du personnel, nous nous posions la question : « Que faisons-nous pour assurer un bon apprentissage à tous les élèves ? » Dans le comté de Franklin, comme dans n'importe quelle autre organisation scolaire, nous souhaitons que tous les enfants assimilent la matière enseignée. Si ce vœu est sincère, nous devons toutefois nous demander : « Quelles sont les mesures à prendre pour que chaque élève apprenne l'essentiel du contenu ? » Notre engagement à un bon apprentissage pour tous signifiait que nous devions planifier les actions à poser lorsqu'un élève aurait des difficultés d'apprentissage.

Nous avons commencé par décrire la réaction existante de l'école dans ce type de situation. Pour ce faire, nous avons dressé la liste des stratégies et des programmes d'aide à l'apprentissage pour les élèves en difficulté. Nous avons ensuite tenu une réunion de remue-méninges afin de trouver des solutions supplémentaires. Ces discussions ont eu pour résultat le projet PASS (voir page 160). L'acronyme PASS signifie *Preparing All Students for Success*, c'est-à-dire « Préparation de tous les élèves à la réussite ». Cette approche systématique donnait à tous les élèves et enseignants de l'école l'encadrement, le temps et le soutien requis pour assurer à tous un bon apprentissage.

À cette étape de notre transformation en communauté d'apprentissage, nos enseignants avaient déjà clairement établi les connaissances et aptitudes essentielles pour chaque année d'études et chaque matière. Leurs méthodes d'enseignement elles-mêmes correspondaient aux objectifs d'apprentissage établis. Ils utilisaient des méthodes d'évaluation communes, conçues selon le modèle des examens de l'État. Une formation avait été offerte aux enseignants afin de les aider à intégrer l'évaluation des processus mentaux d'ordre supérieur dans les examens de l'école. Nous avions planifié du temps afin qu'ils puissent collaborer et intégrer le développement professionnel à leur travail. Bref, les enseignants s'étaient engagés à collaborer pour améliorer le rendement des élèves.

Le projet PASS était conçu pour se baser sur ces initiatives. Les stratégies et programmes ci-dessous, dans le contexte du projet PASS, ont permis de prendre une approche holistique à l'apprentissage des élèves et de s'assurer que chacun recevait l'aide dont il avait besoin.

- Encouragement de l'apprentissage par la célébration
- Utilisation de moyens incitatifs en classe
- Célébration de l'apprentissage des enseignants
- Intégration de la participation des parents
- Planification de temps et de soutien supplémentaires
- Adoption du programme SOS (*Save One Student*, c'est-à-dire « Sauvez un élève »)
- Anticipation de moyens d'intervention supplémentaires
- Planification de gains à court terme

Encouragement de l'apprentissage par la célébration

La devise de notre école est la suivante : « Main dans la main, nous apprenons tous ». À la suite de notre décision d'encourager l'apprentissage par la célébration, nous avons créé une chaîne de petits personnages en papier symbolisant cette devise. Chaque fois qu'un élève lisait un livre, il écrivait son nom et le titre du livre sur un personnage en papier et l'ajoutait à la chaîne, qui courait le long des murs de l'école. À la fin de l'année, la chaîne partait de l'entrée principale et traversait les trois sections de l'immeuble. Elle célébrait les réussites de chaque élève en témoignant des livres qu'ils avaient lus.

Moyens incitatifs en classe

Les réussites quotidiennes des élèves, tant pour ce qui est du programme scolaire que des activités parascolaires, étaient annoncées à toute l'école. Par exemple, si un élève connaissait une réussite en classe ou ailleurs – dans un championnat d'échecs, une partie de baseball ou un match de lutte – un enseignant ou un parent rédigeait un bulletin afin que nous puissions annoncer l'événement le matin suivant, en même temps que les messages d'intérêt général. Des cérémonies trimestrielles se tenaient afin de récompenser tous les enfants de leurs succès. Bien entendu, les meilleurs élèves y étaient mentionnés, mais des prix BUG (*Bringing Up Grades* ou « Augmentons les notes ») étaient également distribués aux élèves qui s'étaient améliorés. Le civisme et la qualité des habitudes de travail étaient aussi récompensés. Ce large éventail de prix nous permettait ainsi d'honorer le plus grand nombre d'élèves possible. Les parents et des représentants de la communauté étaient également conviés à cette fête de l'apprentissage.

Célébration de l'apprentissage des enseignants

Lors de chaque rencontre du personnel enseignant, trente minutes furent réservées au partage de l'information. Ainsi, un enseignant ayant assisté à un atelier, visité une autre école ou lu

un article particulièrement intéressant disposait de temps pour communiquer l'information acquise au reste du groupe. Les équipes étaient invitées à nous faire part de leurs succès et de leurs idées. Autant que possible, nous avons tenté d'éliminer les considérations purement administratives de ces rencontres, afin de nous concentrer davantage sur le développement professionnel.

Intégration de la participation des parents

Les parents étaient d'excellents partenaires de l'école. Nous avons donc favorisé une bonne communication avec eux, tant dans un sens que dans l'autre. Chaque semaine, les parents recevaient de la part du titulaire un document de travail contenant des commentaires sur ce que l'enfant apprenait et sur ses résultats. Chaque équipe-année conçut un bulletin d'information destiné aux parents, qui annonçait les événements à venir et mentionnait les élèves ayant atteint certains succès en classe. Les parents recevaient aussi de la documentation pédagogique mise au point par les enseignants. Ces guides contenaient des recommandations et des conseils permettant de consolider à la maison les aptitudes et connaissances essentielles pour chaque élève, par année d'études. Nous avons également organisé des ateliers pour les parents et tenu des soirées « retour à l'école », où les élèves pouvaient faire visiter leur école et leur classe à leurs parents, et leur montrer leur travail.

Planification de temps et de soutien supplémentaires

L'un des moyens les plus significatifs que nous ayons pris pour démontrer notre engagement envers l'apprentissage fut d'accorder du temps et du soutien supplémentaires aux élèves montrant des difficultés d'apprentissage, peu importe la matière. Nous avons pu identifier ces élèves par une analyse régulière des résultats obtenus selon les méthodes d'évaluation communes de chaque équipe. Cette analyse nous a permis de jauger le niveau de maîtrise des aptitudes clés pour chaque élève, selon son année d'études. Un exemple du document d'analyse utilisé est reproduit à la page 172.

Nous avons ensuite fourni aux élèves désignés du temps d'enseignement et du soutien supplémentaires par l'entremise d'un programme de tutorat. Une partie des fonds d'orthopédagogie fournis par l'État fut investie pour engager des tuteurs à temps partiel. Nombre de ces tuteurs étaient des parents qui avaient été employés en tant que suppléants et qui avaient démontré leur engagement envers l'école. Pour faciliter le tutorat, chaque équipe-année avait réservé une période quotidienne où les élèves concernés pouvaient sortir de la classe. Une alternative était possible : le tuteur pouvait prendre la tête de la classe pendant cette période, afin que l'enseignant puisse travailler directement avec les élèves ayant besoin d'attention supplémentaire. Les périodes de tutorat correspondaient toujours à des activités de lecture ou d'exercices dirigés. Ainsi, les élèves recevant de l'attention individuelle ne manquaient aucune période d'enseignement magistral.

Adoption du programme SOS

Le programme SOS (*Save One Student*, c'est-à-dire « Sauvez un élève ») fut adopté par l'école pour aider les élèves qui ne recevaient pas suffisamment de soutien parental. En toute confidentialité, nous avons identifié ces élèves, puis avons assigné un membre du personnel à chacun afin de le suivre, de l'encourager et de le soutenir dans ses efforts. Ces membres du personnel s'engageaient à rencontrer leur écolier au moins trois fois par semaine, même s'il ne s'agissait parfois que de lui demander : « Comment as-tu trouvé tes devoirs hier soir ? Regardons ensemble ce que tu as fait. » Le moniteur pouvait aussi faire la lecture à son écolier, ou encore déjeuner avec lui.

Anticipation de moyens d'intervention supplémentaires

Si ces moyens échouaient, nous rassemblions l'équipe afin de prévoir des moyens d'intervention supplémentaires à prendre à l'école, ou de consulter les parents pour réaliser une étude de cas et voir si l'éducation spécialisée pouvait être nécessaire. Les moyens supplémentaires comprenaient, notamment, l'option d'asseoir l'élève à l'avant de la classe, des tests de diagnostic, l'administration des examens à l'oral plutôt qu'à l'écrit et la prolongation du temps alloué pour chaque examen.

Planification de gains à court terme

L'équipe d'amélioration de l'école reconnut qu'il était important de marquer et de célébrer des succès dès le début du processus de changement. John Kotter, consultant en gestion et professeur à Harvard, écrit à ce sujet dans *Leading Change* (1996, p. 11) : « Sans gains à court terme, une trop grande partie du groupe abandonne ou se joint à ceux qui s'opposent au changement. Il y a l'espoir d'atteindre des gains à court terme, et il y a la création de gains à court terme. Ce n'est pas la même chose. »

Dans le but de créer de tels gains à court terme, nous avons intégré à notre plan d'amélioration de l'école un bon nombre d'indicateurs que nous étions certains de pouvoir atteindre avant la fin de l'année. Puis, une fois ces indicateurs atteints, nous célébrions notre succès. Par exemple, lorsque le bureau du district a approuvé le plan d'amélioration de l'école, nous avons célébré. À la fin de chaque période de neuf semaines, lorsque notre suivi des résultats des élèves annonçait des améliorations, nous faisions de même.

En conclusion, les stratégies spécifiques et les méthodes de soutien du projet PASS étaient conçues pour qu'une assistance soit fournie, au moment opportun, à chaque élève en difficulté d'apprentissage.

Communication des priorités

À mesure que ces efforts et initiatives étaient déployés, je gardais à l'esprit que ma responsabilité était de maintenir le cap sur l'apprentissage des élèves. J'évitais donc de brouiller les pistes par mes agissements. Il fallait éviter de me laisser submerger par les tâches administratives quotidiennes, afin de pouvoir démontrer sans relâche mon engagement personnel envers l'apprentissage. Pour emprunter les mots de Warren Bennis et Burt Nanus dans *Leaders: The Strategies for Taking Charge* (1985), « un leader communique les priorités d'une organisation par son emploi du temps, les questions qu'il pose, les actions qu'il récompense et ses réactions lors de situations critiques. »

Je savais que la clé d'une communication efficace résidait davantage dans mes actions que dans mes paroles. L'outil d'évaluation de la communication reproduit dans le livre *Communautés d'apprentissage professionnelles : méthodes d'amélioration du rendement scolaire* (2003) me fut très utile pour juger de la façon dont j'exprimais les priorités de l'école de Boones Mill. Cet outil d'évaluation comprend les questions suivantes :

Quel est le but de notre planification ?

Comme vous pouvez le constater, chaque professeur et chaque équipe contribuaient au plan d'amélioration de l'école. Il s'agissait d'un plan précis visant l'amélioration du rendement des élèves, qui exigeait que chaque équipe établisse et vise un objectif SMART. Nous avons ensuite dressé un programme qui nous permettrait d'offrir du temps d'enseignement et du soutien supplémentaires aux élèves en difficulté d'apprentissage.

Sur quoi le suivi doit-il porter ?

Nous faisions le suivi des résultats de chaque élève, selon les connaissances et aptitudes essentielles établies par les enseignants. Nous faisions également un suivi hebdomadaire du travail des équipes et de leurs progrès par rapport aux objectifs.

Quel modèle souhaitons-nous représenter ?

Notre comportement se basait sur le modèle de notre promesse solennelle à l'école, qui nous engageait à nous respecter les uns les autres (page 164). Nous démontrions une approche basée sur l'apprentissage, ainsi qu'une volonté d'apprendre nous-mêmes. Nous suivions le modèle d'une philosophie nous poussant à atteindre nos objectifs, « quel qu'en soit le prix ». Cette expression est même devenue, dans une certaine mesure, le slogan interne de l'école. Nous nous étions engagés à faire le nécessaire pour aider tous les enfants de l'école à réussir.

Quelles questions posons-nous ?

Les quinze questions essentielles présentées par Richard (page 170) sont devenues les questions clés guidant le travail de nos équipes. L'école en tant qu'établissement était guidée par les questions suivantes :

- Quelles connaissances et aptitudes chaque élève doit-il posséder à l'issue de chaque unité d'enseignement ?
- Comment saurons-nous si chaque élève a atteint les résultats visés ?
- Quelles mesures prendrons-nous lorsqu'un élève éprouve des difficultés à atteindre les normes établies ?

Comment distribuons-nous les ressources ?

Nous avons fourni un effort concerté pour répartir le temps, l'argent et la main-d'œuvre disponibles de façon à en obtenir le meilleur rendement possible, compte tenu de notre budget très limité.

Que célébrons-nous ?

Nous avons célébré l'apprentissage à toutes les occasions qui se présentaient. Nous étions constamment à la recherche d'occasions de marquer et de célébrer les succès des élèves et des enseignants.

Quels obstacles sommes-nous prêts à affronter ?

J'ai dû apprendre à confronter les personnes dont les comportements entravaient nos efforts. Cela se faisait individuellement, dans mon bureau. Je prenais garde de ne jamais humilier les membres du personnel, mais il était parfois nécessaire de faire comprendre à une personne ou à une équipe que certains comportements devaient changer. Les équipes abordaient également leur propre fonctionnement s'il ne correspondait pas aux normes qu'ils avaient établies au début de l'année. Lors des rencontres du personnel enseignant, si nous nous éloignions des normes que nous avions établies, je n'avais qu'à poser la question : « Respectons-nous le protocole ? » pour que nous revenions sur la bonne voie.

Viser plus haut

Enfin, nous souhaitions établir des objectifs à long terme : des objectifs que nous ne pourrions probablement pas atteindre la première année, mais qui nous motiveraient pour une amélioration continue et durable. Nos objectifs à long terme incluaient l'obtention du prix *Excellence in Education* de la Virginie. Un autre de ces objectifs consistait à entreprendre le processus de demande du prix *Blue Ribbon School Award*. La chanson de l'école et la devise de l'association des parents visaient un autre objectif à long terme : Boones Mill deviendra la meilleure école des États-Unis ! Cet objectif est maintenant davantage qu'un simple slogan. Pris ensemble, ces objectifs à long terme représentaient notre engagement collectif : nous continuerons à travailler ensemble, main dans la main, jusqu'à ce que chaque élève de notre école obtienne d'excellents résultats.

Je vous encourage à continuer, vous aussi, à travailler main dans la main pour l'amélioration de votre école. Je crois sincèrement que le modèle de communauté d'apprentissage professionnelle est le moyen le plus prometteur pour une amélioration durable des écoles. J'espère que mon histoire saura vous inspirer et vous encourager à établir une communauté d'apprentissage dans votre établissement.

Chapitre 4

Une entrevue avec les auteurs

National Educational Service (NES) : Le concept de l'école en tant que communauté d'apprentissage professionnelle a connu beaucoup de succès. L'une des questions les plus fréquemment posées à ce sujet est la suivante : « Par où commencer » ? Que recommanderiez-vous aux dirigeants qui font leurs premiers pas dans le processus de transformation d'une école en communauté d'apprentissage professionnelle ?

Rebecca : Dans mon école, nous avons lancé le processus en réunissant de petits groupes d'enseignants pour dialoguer sur leurs perceptions de l'école et de son avenir. Je voulais dresser un portrait précis de la situation de l'école et de son historique, du point de vue des enseignants. Puis, je leur ai demandé de me décrire l'avenir qu'ils envisageaient pour l'école en leur posant la question : « Que pouvons-nous faire pour améliorer encore davantage notre école ? » Par ces conversations, nous étions en train de bâtir une vision commune qui se basait sur notre perception de la situation actuelle. J'ai aussi communiqué aux enseignants des articles sur les meilleures méthodes dans le domaine de l'amélioration des écoles. Mon but était d'établir un contexte et un vocabulaire communs pour nos discussions.

Par la suite, quand nous avons commencé à mettre en œuvre notre nouvelle vision pour l'école, nous avons pu retenir les éléments qui fonctionnaient bien et intégrer les différents aspects d'une communauté d'apprentissage professionnelle dans les tâches existantes des enseignants. Nous nous sommes efforcés de concentrer toute notre attention sur l'apprentissage, ce qui, selon moi, a été la clé. Nous y sommes arrivés par le travail collaboratif des enseignants. Quand les équipes se réunissaient, elles avaient à remplir des tâches qui les obligeaient à considérer l'impact de leur travail sur l'apprentissage des élèves en classe.

Robert : Une autre façon de commencer, pour ceux qui veulent simplement lancer le processus, consiste à récolter toute l'information possible au sujet des écoles qui fonctionnent en tant que communautés d'apprentissage professionnelles. Visitez certaines de ces écoles ; lisez la documentation existante au sujet des communautés d'apprentissage ; regardez les vidéocassettes. Je pense qu'une bonne base de connaissances est essentielle avant de mettre la main à la pâte.

Richard : Il est très important de respecter l'historique de l'école et d'intégrer les concepts de la CAP dans ses pratiques existantes. Il arrive trop souvent que les enseignants voient la CAP comme un modèle qui changera radicalement la direction de l'école. En fait, c'est plutôt un processus évolutif. En général, les enseignants sont réceptifs à une approche qui dit, à peu de chose près : « Voici une façon d'améliorer ce que nous faisons de bien ».

Robert a cependant raison quand il dit qu'il ne faut pas simplement continuer à faire ce que l'on a toujours fait. On doit changer et adapter nos méthodes, et ces changements doivent se baser sur les connaissances qu'on partage à propos des meilleures méthodes. Les personnes qui mènent le processus n'auront pas toutes les réponses, et c'est normal, mais elles doivent absolument poser les bonnes questions. Quand Rebecca a demandé à ses équipes de collaborer, elle les a aidées à articuler et à préciser les questions auxquelles ces équipes devaient répondre. En leur posant ces questions, elle a aidé son personnel à travailler comme les équipes le font dans une communauté d'apprentissage professionnelle.

En conclusion, c'est vrai qu'il est important de respecter la situation présente de l'école et d'établir une base de connaissances communes, mais il est crucial d'agir le plus rapidement possible, afin que le personnel mette la main à la pâte et s'exerce à faire les choses différemment. Ce n'est que lorsque l'on a adopté les comportements reliés aux principes de la CAP que l'on peut comprendre ces principes en profondeur.

NES : Dans vos écrits, vous mentionnez souvent l'importance, pour un dirigeant, de développer un « cadre conceptuel » qui servira de base pour bâtir une communauté d'apprentissage professionnelle. Qu'est-ce que cela signifie ?

Robert : En fait, c'est le développement d'une autre de mes idées, plus ancienne : celle de la base de connaissances. Je pense que les leaders de communautés d'apprentissage professionnelles en devenir doivent absolument comprendre qu'il ne s'agit pas là d'un « programme » qu'on met en place dans l'école, tout simplement. C'est plutôt une philosophie. Quand on considère le fonctionnement de la CAP, la question qu'on doit se poser est la suivante : « Comment pouvons-nous appliquer ces principes à tous les éléments de notre travail ? » En effet, cela affecte la plupart des aspects de l'école. Prenons le budget, par exemple. On pourrait poser une question du genre : « Comment cette demande de subventions nous aidera-t-elle à évoluer vers notre vision de l'école ? » Cela affectera aussi la formation du personnel. C'est également vrai pour l'évaluation des enseignants et des administrateurs. Le dirigeant doit pouvoir faire le lien entre tous ces éléments du système scolaire et les caractéristiques d'une communauté d'apprentissage professionnelle.

Rebecca : À Boones Mill, nous avons continué à élargir la base de connaissances communes – le cadre conceptuel – de plusieurs façons. Dès le début du processus, j'avais fourni aux enseignants des articles qui décrivaient les caractéristiques d'une communauté d'apprentissage professionnelle. Ces articles nous ont donné un vocabulaire commun et des concepts qui nous ont permis d'établir un cadre pour nos discussions. Certains enseignants membres du comité d'amélioration de l'école ont assisté à un atelier donné par Richard sur les CAP. Dès son retour, le groupe a partagé ces connaissances avec les autres membres du personnel, puis les a guidés dans le processus. Encore maintenant, nous consultons le livre de Richard et de Robert lorsque les enseignants font face à une situation ou à un problème particulier et que l'ouvrage contient des renseignements pertinents à ce sujet. Le cadre conceptuel n'est jamais fixé une fois pour toutes, il doit évoluer constamment.

NES : Pouvez-vous nous parler de la relation entre la direction de l'école et la direction régionale, ou celle de la commission scolaire, au cours de ce processus ? Quelle est l'importance du leadership régional, et quels sont les aspects qui doivent être abordés à ce niveau pour aider des écoles individuelles à devenir des communautés d'apprentissage professionnelles ?

Richard : Le soutien de la direction régionale est important pour qu'une école puisse devenir une communauté d'apprentissage, mais je ne pense pas qu'il soit essentiel. J'ai vu des écoles devenir des CAP malgré une indifférence complète de la part des dirigeants du district, mais pour y arriver, elles ont dû déployer des efforts vraiment héroïques !

On peut souhaiter que les dirigeants du système scolaire prennent la responsabilité d'établir des conditions propices à la création de communautés d'apprentissage dans les écoles. D'autre part, ils doivent reconnaître que l'amélioration du système pédagogique se fait école par école. Le leadership au niveau de la commission scolaire ou de la région peut jouer un rôle important dans l'établissement de CAP, du moment qu'il y a une certaine souplesse dans ce leadership. La direction doit savoir laisser une certaine liberté aux écoles pour les aspects pratiques des communautés d'apprentissage. Ce processus ne devrait jamais être abordé dans l'esprit d'un « moule » identique pour tous les établissements. Différentes écoles peuvent aborder le défi de différentes façons. Chaque école a donc besoin d'un certain degré d'autonomie pour y arriver. Toutefois, le leadership régional doit aussi être « strict » sur certains aspects. Les dirigeants régionaux sont tout à fait justifiés de tenir à ce que les directeurs d'école remplissent les tâches et exigences essentielles de leur poste.

J'inclurais au moins quatre aspects sur lesquels le leadership régional ne doit pas tergiverser si l'on souhaite encourager la formation de communautés d'apprentissage : premièrement, la direction doit insister pour que l'apprentissage de chaque élève soit évalué régulièrement. Les méthodes d'évaluation peuvent varier d'une école à une autre, mais l'évaluation doit se faire. Il ne doit pas y avoir place à discussion sur ce point. Deuxièmement, les dirigeants régionaux doivent faire en sorte que chaque école développe une stratégie cohérente pour répondre aux besoins des élèves en difficulté d'apprentissage, en leur fournissant du temps et du soutien supplémentaires au cours de la journée. Troisièmement, on doit insister pour que les enseignants forment des équipes de travail collaboratives visant des résultats précis. Ces équipes doivent aussi pouvoir participer à l'élaboration de ces objectifs. Pour arriver à former des écoles axées sur les résultats dans une commission scolaire axée sur les résultats, il doit y avoir à la base des équipes d'enseignants axées sur les résultats ! Ces équipes doivent ainsi établir des objectifs très précis quant au rendement des élèves. Enfin, le leadership régional doit s'assurer que chaque enseignant obtient des renseignements pertinents sur le rendement de ses élèves, selon un indicateur établi en collaboration et mesuré par un examen normalisé. Ils peuvent ainsi comparer les résultats à ceux obtenus par les autres élèves de l'école visant le même indicateur. Lorsque les dirigeants d'une commission scolaire tiennent la bride pour ce qui est de ces quatre aspects, tout en libérant les directeurs d'école en ne les forçant pas à toujours suivre de nouvelles initiatives établies à l'échelle de la région, ils peuvent réellement encourager la formation de communautés d'apprentissage dans les écoles.

Robert : On peut reformuler les thèmes qui ressortent des commentaires de Richard de la façon suivante : lorsque la commission scolaire a su dresser un modèle quant aux attentes relatives à chaque école, cela aide certainement les écoles individuelles. Par exemple, il est très utile pour la commission scolaire d'avoir une vision, un ensemble de valeurs, et ainsi de suite. L'établissement de priorités est également essentiel. Il est très difficile pour une école de devenir une CAP si les priorités de la commission scolaire sont complètement différentes des siennes, ou prennent une autre direction. En fait, cela pourrait même empêcher des écoles de se transformer en communautés d'apprentissage. Mais je pense que l'essentiel de ce que dit Richard repose sur une culture orientée vers les résultats, et sur le fait qu'elle peut provenir de la commission scolaire. Cet appui est d'une grande aide pour les écoles qui visent à devenir des CAP, ou à émuler le modèle.

NES : Que recommanderiez-vous aux directeurs d'école et aux enseignants travaillant dans des commissions ou conseils scolaires où le leadership comporte des lacunes ? Que peuvent-ils espérer ? Peuvent-ils quand même réussir à transformer leurs écoles en communautés d'apprentissage professionnelles ?

Richard : Oui, absolument ! Remarquez que ma réponse n'est sans doute pas conforme à la croyance populaire, mais trop souvent, ceux qui se renseignent sur les CAP ou assistent à nos ateliers en tirent une conclusion du genre : « Eh bien, j'espère que la direction régionale agira là-dessus ». Les directeurs d'école diront : « Bien, j'espère que la commission scolaire le fera ». Ou encore, les enseignants penseront : « J'espère que le directeur de l'école agira ». On a toujours tendance à vouloir transférer la responsabilité à d'autres, mais une CAP peut très bien voir le jour dans une école même si la commission scolaire est complètement indifférente à cette idée. La recherche de Milbrey MacLaughlin sur les écoles secondaires démontre clairement que, même dans une école où la direction ne s'intéresse absolument pas au concept, des départements entiers peuvent fonctionner très efficacement en tant que communautés d'apprentissage. C'est certainement beaucoup plus difficile si aucun appui ne provient des échelons supérieurs, mais c'est réalisable. Je conseillerais aux personnes dans cette situation de ne pas attendre qu'une autre personne dans la hiérarchie lance le processus de transformation en CAP. Considérez votre propre position dans la structure organisationnelle, et commencez le travail à partir de là.

Robert : À quelques reprises, nous avons eu l'occasion de voir que des écoles individuelles ayant pris l'initiative de se constituer en communautés d'apprentissage professionnelles ont influencé la direction régionale en ce sens. C'est dire que non seulement une école individuelle peut y arriver, mais aussi qu'elle peut avoir un effet sur les autres écoles de la région en démontrant de bons résultats et en les communiquant.

Rebecca : Au début de notre expérience, l'idée de transformer toutes les écoles de la division scolaire en communautés d'apprentissage professionnelles n'était pas du tout au programme. Cependant, les succès des enseignants et des élèves de Boones Mill ont attiré l'attention des dirigeants sur le modèle CAP. Maintenant, toutes les écoles de la division doivent prendre des mesures pour incorporer le modèle. Il n'est pas toujours nécessaire que le changement provienne des échelons supérieurs. En fait, une école particulière peut provoquer des changements qui remontent le courant et produisent un effet au niveau de la direction.

NES : Pour continuer sur ce sujet, quelle est, selon vous, l'importance du leadership ?

Robert : Nous sommes d'avis que le leadership est le facteur essentiel des CAP. Dans les pires scénarios, nous avons travaillé dans des écoles et des districts où les employés veulent adopter le cadre d'une CAP surtout pour compenser un mauvais leadership ou le renforcer. C'est rarement efficace. Les idéaux d'une communauté d'apprentissage et ses caractéristiques ne suffisent tout simplement pas à combler ce manque. En fait, je ne connais aucun programme pédagogique qui puisse suppléer à un leadership insuffisant. Le leadership sert de fil conducteur pour les divers éléments d'une CAP ; il les soutient et les entretient. La qualité des résultats d'une communauté d'apprentissage dépend entièrement de la qualité de son leadership. C'est un catalyseur qui fait que la structure fonctionne ou pas.

NES : Est-ce que les dirigeants d'une communauté d'apprentissage professionnelle agissent différemment de ceux d'une école traditionnelle ? Quelle est cette différence ?

Robert : Je crois que dans une école traditionnelle, on a tendance à considérer d'abord les tâches à accomplir, c'est-à-dire les obligations administratives. Dans une CAP, on reconnaît que ces tâches sont nécessaires, mais les priorités sont ailleurs. Nous nous assurons d'abord qu'un effort commun est déployé pour établir la vision de l'école, c'est-à-dire le genre d'école que nous voulons devenir. En collaboration, nous mettons ensuite au point des énoncés de valeurs qui décrivent les actions et comportements des divers employés de l'école. Dans cette situation, le rôle du leader de la communauté d'apprentissage est de promouvoir et de défendre ces valeurs, de confronter les personnes dont les comportements ne cadrent pas, et de célébrer les comportements qui en sont les meilleurs exemples. Sous cet aspect, le comportement du leader dans une CAP s'éloigne de la tradition.

NES : Voici une autre question qu'on entend souvent : « Nous avons entrepris la transformation de l'école en communauté d'apprentissage professionnelle, mais certains de mes enseignants ont une mauvaise attitude face aux changements proposés. Comment puis-je changer cette attitude ? » Que répondriez-vous à cette question ?

Richard : Tout d'abord, il est préférable de creuser un peu pour savoir ce qui a provoqué l'attitude négative d'une personne. Nous avons tous une attitude – bonne, mauvaise ou indifférente – envers les événements, qui résulte de notre expérience passée. Nous avons vécu certaines choses qui, avec le temps, façonnent notre perception. La question à poser devient alors : « Qu'est-ce qui a provoqué les expériences à la base de nos attitudes ? » Habituellement, notre expérience est issue des actions que nous avons posées. Nous avons agi d'une certaine manière, ce qui a eu certains résultats. Ces actions mènent à l'expérience qui est vécue ensuite. Si, avec le temps, nous répétons toujours une expérience similaire, une attitude se forme.

Les leaders qui disent « Il faut changer l'attitude de cette personne » abordent le problème sous le mauvais angle. En effet, un psychologue vous dira qu'il est sept fois plus difficile de changer une attitude que de changer un comportement. La réponse à la question : « Comment changer l'attitude d'une personne ? » est alors très simple : concentrez-vous plutôt sur ses comportements.

Lorsque vous encouragez une personne à poser des actions qui mènent à de nouvelles expériences, vous pouvez l'aider, avec le temps, à changer d'attitude. Quand on permet à une personne de vivre une expérience qui ne correspond pas à ses préjugés, à ce qu'elle prend pour acquis, et qui diffère de son expérience passée, on crée une dissonance cognitive qui lui offre l'occasion de repenser ces préjugés. Lorsqu'un dirigeant se concentre sur les actions et les comportements, plutôt que sur les attitudes, il est dans la bonne direction. C'est pourquoi nous encourageons fortement les écoles à considérer les énoncés de valeurs non pas comme une suite de croyances, mais bien comme un engagement à se comporter de certaines façons. Pour faire évoluer l'école en tant que communauté d'apprentissage professionnelle, le groupe doit être très explicite quant à la façon dont ses membres doivent agir.

Robert : Le fait de se concentrer sur les comportements plutôt que sur les attitudes permet à l'école d'aller de l'avant. Un dirigeant pourrait hésiter à prendre les mesures nécessaires pour transformer l'école en CAP et vouloir attendre que tous les membres du personnel aient une attitude favorable, mais il pourrait attendre longtemps, sans que rien n'avance. Le fait de se concentrer sur les comportements permet de lancer le processus ; les attitudes suivront.

NES : Une dernière question à propos du leadership et du cadre conceptuel : quel rôle tiennent les différents services de soutien d'une école ou d'une commission scolaire – transport scolaire, cafétérias, personnel de bureau, entretien, etc. – dans la transformation en communauté d'apprentissage professionnelle ? Peuvent-ils prendre part au processus ?

Robert : Tout à fait. Leur rôle est même essentiel. Chaque service et groupe d'employés lié à l'école doit comprendre les principes de la CAP, et leurs membres doivent adopter les comportements correspondants. Par exemple, nous avons collaboré avec des commissions scolaires où le service de transport scolaire, ou encore le service d'alimentation, avait développé un énoncé de vision. Ces énoncés représentaient un engagement sur les actions à poser pour aider l'école à devenir une CAP. Ces différents services recherchent aussi les meilleures méthodes à adopter pour leur rôle particulier, mettent ces méthodes à l'essai et dressent des objectifs pour les mesures d'amélioration qu'ils comptent prendre. Chaque division administrative du système scolaire peut devenir une CAP. Nous adoptons ici l'expression communauté d'apprentissage dans son sens large. Il ne s'agit pas simplement de l'apprentissage des élèves. On vise un apprentissage généralisé, dans toute la commission.

Rebecca : Dans notre division scolaire et notre école, chaque personne a au moins un collègue dans un poste semblable au sien. Les employés des services d'entretien, des cafétérias et du personnel de bureau sont tenus de travailler en équipes, exactement comme les enseignants. On leur demande d'intégrer des méthodes de formation continue dans leur routine, afin qu'ils s'améliorent dans leur travail. De plus, ils se sont engagés à soutenir l'apprentissage des élèves, dans la mesure de leur capacité. Par exemple, chaque employé à temps plein a « adopté » un élève et fait un suivi du rendement de cet élève en classe. Les membres du personnel de soutien jouent un rôle essentiel dans la poursuite de la vision de l'école.

NES : En plus d'un bon leadership, vous mentionnez qu'une communauté d'apprentissage professionnelle doit développer une culture de collaboration qui soit forte et significative. Quelles sont les premières étapes à suivre pour intégrer la collaboration dans la culture de l'école ?

Rebecca : Il est clair qu'on ne peut pas simplement inviter les gens à collaborer et s'attendre à ce que tous se portent volontaires. Chaque personne doit être affectée à une équipe par année d'études ou par service. Il faut également donner au personnel le temps nécessaire au travail d'équipe, pendant les heures de travail. La collaboration est ainsi perçue comme faisant partie du travail de chacun, et non comme une tâche supplémentaire. On donne ensuite aux équipes des tâches qui concentrent leur attention sur les questions essentielles de l'apprentissage : Que voulons-nous que les élèves apprennent ? Comment saurons-nous si les élèves l'ont appris ? Comment réagissons-nous lorsque des élèves n'assimilent pas le contenu ?

L'une des premières tâches de nos équipes a été de développer un protocole de normes qui permet à chacun de ses membres d'évaluer sa propre contribution au travail et aux objectifs du groupe. L'équipe s'auto-évalue tous les six mois pour ce qui est de l'adhésion aux normes et de ses progrès par rapport aux objectifs visés.

Une stratégie qui peut aider les équipes à se concentrer sur l'apprentissage des élèves consiste à leur demander de produire certains documents correspondant au résultat normal de leur travail d'équipe. On y retrouve des méthodes d'évaluation communes, des guides d'aide aux devoirs pour les parents, des guides de développement du contenu et de progression, ainsi que des analyses du rendement des élèves pour les devoirs et les examens. L'un des documents à produire, probablement le plus important, décrit l'objectif de rendement de l'équipe et un plan d'action pour atteindre cet objectif. Cette insistance sur la « production » aide les équipes à maintenir un esprit de corps basé sur des priorités et des objectifs communs. Nos équipes n'ont jamais à se poser la question « Que devons-nous faire ? »

Richard : On ne peut pas simplement organiser les membres du personnel en équipes, puis leur ordonner de collaborer. Tout le succès de l'école de Rebecca et le travail exceptionnel de ses équipes sont le résultat de la méthode qu'elle a employée : elle a aidé son personnel à établir des paramètres, des priorités et des tâches très spécifiques. Pour construire une culture de collaboration, on ne peut pas se contenter de demander aux gens de collaborer, ni même de créer une structure où les équipes se rencontrent périodiquement. On doit prendre des mesures concrètes pour s'assurer que ces rencontres deviennent productives et que les équipes commencent à voir les avantages du travail collaboratif.

NES : Le leadership et la collaboration sont essentiels pour que la confiance règne. Avez-vous des suggestions sur la façon d'établir la confiance dans une communauté d'apprentissage professionnelle ?

Rebecca : La confiance vient avec le temps. On peut rappeler ici le concept du dirigeant qui illustre ses priorités par son comportement. Les enseignants auront confiance en leur dirigeant si cette personne agit comme elle demande à ses employés d'agir. Un leader doit également renforcer constamment les relations de confiance existant au sein des équipes de travail. Avec le temps, les employés constateront que les normes fixées par le directeur, et ses engagements, ont un effet réel sur leur travail. Ils reconnaissent alors que le directeur donne l'exemple, et ne se contente pas de simples paroles.

Robert : Pour ce qui est de la confiance, mon point de vue est le même que pour les attitudes. Il faut lancer le processus, faire en sorte de démontrer un comportement cohérent avec les valeurs que l'on a exprimées. C'est ce qui bâtit la confiance. Il n'est tout simplement pas logique d'attendre que les gens se fassent confiance avant d'entamer la transformation de l'école en communauté d'apprentissage. La confiance vient graduellement, avec le temps. Évidemment, la responsabilité est lourde pour le leader, qui doit continuellement gérer son comportement afin de bâtir la confiance des employés pour les mener plus efficacement. Malheureusement, si le comportement du leader contredit ses paroles même une seule fois, il éliminera habituellement toute la confiance qu'il avait pu établir. Il faut donc faire très attention et s'assurer de toujours démontrer un comportement qui soit pertinent à ses valeurs et à ses engagements.

Richard : Il est clair qu'un leader doit s'assurer que son comportement suit les priorités qu'il professe. En fait, nous avons créé un outil qui permet à un dirigeant d'évaluer rapidement la cohérence entre ses actions et ses paroles. L'outil se base sur l'hypothèse voulant que les membres d'une organisation reconnaissent les priorités d'un leader non pas par ce qu'il dit, mais bien par ce qu'il fait.

On demande au dirigeant de se poser les questions suivantes : Quel est le but de ma planification ? Les plans que je présente nous aideront-ils à faire évoluer l'école vers notre vision ? Sur quoi le suivi porte-t-il ? Mes priorités sont-elles les bonnes ? J'ai établi que l'apprentissage est notre priorité ; est-ce que nous faisons régulièrement le suivi de l'apprentissage de chaque élève ? J'ai insisté sur le fait qu'une culture de collaboration était essentielle ; est-ce que je fais le suivi du travail des équipes ? Quel est le modèle que je présente ? Mes actions sont-elles cohérentes avec les priorités que j'ai énoncées ? Quelles sont les questions que j'invite mon personnel à considérer ? Ces questions orientent-elles les efforts de l'école vers ses priorités ? Comment se fait l'allocation des ressources disponibles, en particulier du temps ? Est-ce que le personnel dispose de suffisamment de temps pour se pencher sur les points que nous avons désignés comme étant essentiels ? Est-ce que l'école célèbre ses succès par des histoires, des cérémonies et autres rituels ? La célébration fait-elle partie de notre culture ? Enfin, quels obstacles suis-je prêt à affronter ? Nos priorités me tiennent-elles suffisamment à cœur pour que je sois prêt à confronter ceux qui ne les respectent pas ?

Ces questions permettent au dirigeant d'évaluer ses actions et de voir si elles correspondent à ce qu'il exprime au sujet des priorités. Avec le temps, ces efforts attirent la confiance dont il a besoin pour améliorer l'école ou la commission scolaire de façon significative.

NES : Vous avez souvent dit que la collaboration au sein d'une communauté d'apprentissage professionnelle était différente de celle qui règne au sein de l'école traditionnelle. L'une des différences que vous avez mentionnées est l'importance de la recherche collective. Qu'est-ce que la recherche collective, au juste ?

Robert : Dans une communauté d'apprentissage professionnelle, des équipes d'enseignants entreprennent des recherches collaboratives et font de la recherche appliquée. La meilleure façon de décrire la recherche collaborative est sans doute la suivante : les équipes de recherche visent à trouver les meilleures méthodes dans le domaine de la pédagogie. Dans une école traditionnelle, on a tendance à récolter les opinions des enseignants sur divers problèmes ou sur la direction à prendre, puis à se baser sur l'opinion de la moyenne. Dans une CAP, on fait exactement le contraire. On s'attend à ce que les équipes et les enseignants fassent des recherches pour trouver les meilleures méthodes actuelles. Ils lisent des revues professionnelles, font des recherches sur Internet, se joignent à des associations professionnelles, assistent à des conférences et suivent des ateliers. Surtout, ils visitent d'autres établissements qui ont la réputation de bien faire les choses, afin de comparer leurs pratiques. Il s'agit donc d'une recherche constante sur les meilleures méthodes en pédagogie. De la sorte, une CAP peut établir une culture d'amélioration continue.

Richard : Il ne s'agit pas seulement de s'occuper de recherche collective. Regrouper des enseignants n'importe comment en leur « ordonnant » de collaborer est une grave erreur. Il est essentiel que le personnel s'engage dans un processus de recherche collective, mais l'effet de ces recherches sur l'amélioration de l'école dépend d'abord et avant tout des sujets abordés et de la nature du dialogue. Certaines écoles engagent une discussion sur des sujets tels que « Qu'est-ce qui ne va pas avec ces enfants ? », « Quels manuels devrions-nous utiliser ? », ou encore « Est-ce que les élèves ont le droit de porter un chapeau ? ». Des discussions de ce genre ne contribuent pas à améliorer le rendement des élèves. Comme Robert l'a mentionné, dans une CAP, la recherche collective a pour objet une exploration constante des meilleures méthodes en pédagogie. Elle doit être axée sur les questions essentielles que Rebecca mentionnait : Que voulons-nous que les élèves apprennent ? Comment saurons-nous si les élèves l'ont appris ? Comment obtiendrons-nous de meilleurs résultats ? Bref, l'objet de la collaboration est aussi important que le fait de collaborer lui-même.

NES : Les enseignants faisant partie d'une communauté d'apprentissage professionnelle sont appelés à faire de la « recherche appliquée ». Pourriez-vous nous en donner des exemples ?

Richard : Voici un exemple qui vient de l'école secondaire Adlai Stevenson et qui a eu beaucoup d'impact : nous nous posions des questions sur les mérites respectifs de deux méthodes pour venir en aide aux élèves en difficulté. Devions-nous leur faire suivre un programme de rattrapage, ou les laisser continuer le programme normal, mais en leur offrant un soutien supplémentaire ? Le débat faisait rage au cœur du personnel enseignant, chacun ayant son opinion. Au bout du compte, le département d'anglais a accepté de mettre à l'essai les deux théories dans un projet de recherche appliquée. Des élèves qui auraient normalement fait partie de la classe de rattrapage ont été divisés en deux groupes. On a placé les élèves du premier groupe, au hasard, dans des cours d'anglais de niveau normal, en leur offrant du temps et du soutien supplémentaires pour les aider à réussir. On a inscrit les élèves du deuxième groupe dans nos cours de rattrapage d'anglais habituels. Nous avons ensuite suivi le rendement et l'attitude des deux groupes d'élèves pendant toute une année scolaire. À la fin de l'année, aucune équivoque n'était possible : la première méthode, qui consistait à donner plus de temps et de soutien aux élèves dans des cours de niveau normal, était de loin supérieure. Ces élèves atteignaient un meilleur rendement selon tous les indicateurs d'apprentissage ; de plus, ils se sentaient encouragés et étaient fiers de ce qu'ils avaient accompli. Ce petit projet de recherche appliquée nous a poussés à abandonner l'approche existante de l'école qui consistait à sélectionner et à trier les élèves. Il a eu un impact important sur nos méthodes.

Rebecca : À Boones Mill, chaque équipe travaille à un projet de recherche appliquée qui est directement relié à son objectif pour le rendement des élèves. Par exemple, tous les enseignants de l'école visent à améliorer le rendement des élèves dans le domaine des langues. Chaque équipe organise donc un projet de recherche appliquée d'une année, qui permet l'observation et la mise en œuvre de certaines des meilleures méthodes en enseignement des langues. À mesure que les équipes se renseignent sur les nouvelles approches, elles les mettent à l'essai en classe. Les enseignants se soutiennent les uns les autres dans l'application de ces méthodes et collaborent pour évaluer leurs effets sur l'apprentissage des élèves.

Pour encourager les enseignants à participer à ce genre de projet à long terme, la division scolaire a incorporé la recherche appliquée dans son modèle d'évaluation des enseignants. Ainsi, en faisant de la recherche appliquée, l'enseignant remplit les exigences du modèle d'évaluation et facilite sa recertification d'enseignant en Virginie. Nos enseignants profitent ainsi individuellement de leurs activités de recherche appliquée. Cependant, l'avantage le plus important pour tous est leur capacité accrue de contribuer à l'apprentissage des élèves.

NES : On entend souvent dire qu'un des moyens d'augmenter le niveau de confiance est la prise de décisions par consensus. Bien que vous reconnaissiez l'importance de la collaboration et du consensus, vous avez certaines réserves sur ce dernier concept. Pourquoi est-ce le cas, et quels sont vos conseils pour éviter les pièges de la prise de décisions par consensus ?

Richard : Tout d'abord, on confond souvent les mots « consensus » et « unanimité ». Il arrive qu'un directeur d'école dise ne pas pouvoir en arriver à un consensus avec son personnel parce que les enseignants ou les membres du groupe ne sont pas tous exactement du même avis. En fait, le consensus et l'unanimité ne se valent pas. L'école doit prendre le temps de définir ce que signifie le mot « consensus » dans l'organisation, afin d'éviter les débats sans fin pour savoir si le groupe en est arrivé à une décision ou non. Parmi les personnes sortant d'une réunion, il y en aura qui croient qu'un consensus a été atteint, alors que d'autres sont convaincues que personne ne s'entend. À Stevenson, j'ai appris ce principe de peine et de misère : la direction et le syndicat des enseignants sont passés à travers un long processus de négociations pour en arriver à ce que je croyais être un consensus, mais le syndicat m'a promptement avisé de mon erreur. Il est donc très important que les gens d'une école puissent définir clairement ce que signifie le mot consensus.

Voici une définition qui nous a aidés dans nos efforts d'amélioration : « Nous en sommes arrivés à un consensus quand, premièrement, tous les points de vue ont été entendus, et quand, deuxièmement, la volonté du groupe est évidente, même pour ceux qui s'y opposent. » Cette définition a des conséquences importantes. Il existe différentes stratégies pour s'assurer que tous les points de vue sont communiqués. Le plus souvent, une personne expose la question à l'ordre du jour, puis chaque membre du groupe donne son opinion. Bien que cette stratégie soit un excellent moyen d'exercer ses talents d'orateur, elle n'est pas très efficace pour faire avancer le groupe vers un consensus. Nous avons découvert une autre méthode : il s'agit d'exposer la question, puis de diviser le groupe en deux équipes de remue-méninges. La première équipe essaie de trouver tous les avantages de la proposition, la deuxième toutes les objections possibles. Les participants sont invités à n'émettre aucune opinion personnelle, mais plutôt à tenter d'identifier tous les avantages ou désavantages. Cette méthode permet de dresser une liste de tous les arguments et de toutes les idées, sans débat émotif et sans que personne ne se sépare du peloton pour faire valoir son opinion. On attend ainsi que tous les points de vue soient communiqués avant de demander aux participants de donner leur opinion. Lorsque la personne la plus opposée à une idée constate que le reste du groupe semble, au contraire, être d'accord pour sa mise en œuvre, le consensus a été atteint. Selon nous, cette forme de consensus, surtout dans un groupe important, est bien plus efficace que si l'on attend que tous soient d'accord avant d'aller de l'avant. Une école qui attend que tout un chacun se range à une idée pour chaque aspect du plan d'amélioration de l'école attendra longtemps.

Robert : L'un des objectifs principaux de ce livre est de répondre à la question : « Par où commencer ? » Selon moi, cette question sous-entend que certains obstacles nous empêchent de lancer le processus. On peut vouloir attendre que tous les intervenants adoptent une attitude propice, ou que le niveau de confiance soit suffisant, à la fois entre les participants et envers le processus lui-même. Un autre obstacle qui peut se poser est une fausse perception de ce que doit être un consensus, c'est-à-dire qu'on ne pose aucune action jusqu'à ce que tout le monde soit d'accord sur les mesures à adopter. Quand c'est le cas, un ou deux membres du personnel enseignant peuvent, à eux seuls, tenir toute l'école prisonnière. En choisissant une définition pratique de ce qu'un consensus doit être, on peut se lancer dans un dialogue en profondeur, très productif, tout en reconnaissant la volonté du groupe. C'est un bon moyen d'aller de l'avant pour la transformation de l'école en CAP.

NES : Il va de soi qu'un des aspects où la collaboration est essentielle est la rédaction de l'énoncé de mission. Pouvez-vous nous parler brièvement du côté pratique de la mise au point de cet énoncé ?

Rebecca : La plupart des écoles et des commissions scolaires ont déjà un énoncé de mission qui décrit leur fonction. La plupart du temps, l'énoncé de mission porte sur un engagement à l'apprentissage pour tous les élèves. La différence, dans une CAP, porte moins sur la formulation de l'énoncé que sur le fait suivant : non seulement promet-on l'apprentissage pour tous, mais on s'engage également à tenir cette promesse. On donne la priorité aux trois questions essentielles suivantes, qui reviennent constamment : Que voulons-nous que les élèves apprennent ? Comment saurons-nous si les élèves l'ont appris ? Comment réagirons-nous lorsque certains élèves n'assimilent pas le contenu ? Autrement dit, la mission de la CAP n'est pas qu'un simple bout de papier : c'est une philosophie qui se traduit dans les actions du personnel, au jour le jour.

Robert : Pour ce qui est du côté pratique de la rédaction de l'énoncé de mission, je conseillerais aux pédagogues de ne pas y passer trop de temps. À l'occasion, j'ai collaboré avec des écoles où l'on disait : « Cette année, nous allons entreprendre de mettre au point notre énoncé de mission ». On n'a pas besoin d'autant de temps pour rédiger un énoncé de mission qui donnera à l'école une philosophie axée sur l'apprentissage. Ce qui prend davantage de temps, ce sont les questions corollaires, celles que Rebecca vient de mentionner. Ces questions servent en fait à donner du sens à l'énoncé de mission.

Richard : Ceux qui connaissent notre travail savent qu'il consiste à jeter les bases d'une communauté d'apprentissage professionnelle. Ces bases comprennent : une mission clairement définie ; une vision commune de ce que l'on vise pour l'école ; un ensemble de valeurs établies en collaboration, où l'on s'engage à poser les actions nécessaires pour faire évoluer l'école en ce sens ; et des objectifs précis qui serviront à mesurer les progrès.

Rebecca a mis en place ces quatre éléments dans son école – la mission, la vision, les valeurs et les objectifs – et elle est arrivée à obtenir un consensus au sein de son personnel enseignant dans ses quatre premiers mois en tant que directrice. Son école est un bon exemple de ce processus par lequel on passe outre la philosophie et la théorie, pour en arriver au point où les intervenants sont prêts à passer à l'action. Elle aurait pu passer toute une année à développer l'énoncé de mission, puis une autre année sur l'énoncé de vision, et ainsi de suite. Mais les changements n'auraient commencé à se produire qu'à partir de la cinquième année ! Au lieu de cela, elle est passée à l'action et, en moins de six mois, le personnel commençait à changer ses méthodes et à apprendre de ses expériences.

Robert : En pédagogie, on a souvent tendance à se laisser embourber dans les questions d'ordre philosophique. C'est difficile de voir qu'en fait, tout cela est très simple, et qu'il suffit d'en parler, de se mettre d'accord, puis de passer à autre chose. Je pense que la direction doit planifier un échéancier raisonnable, mais qui permette aussi à l'école d'aller de l'avant.

NES : À la suite de l'énoncé de mission, vous indiquez que l'école doit développer une vision commune. Cependant, les énoncés de vision sont souvent écrits en jargon pédagogique et, de ce fait, peu utiles. Comment faire en sorte que l'énoncé de vision soit significatif ?

Robert : Je crois que le meilleur moyen de donner du sens à l'énoncé de vision est de s'en servir. Trop souvent, on passe beaucoup de temps à rédiger un énoncé de vision, puis on le classe et on l'oublie. Dans une CAP, le processus est inversé :

l'énoncé de vision sert de catalyseur à l'action dans de nombreux domaines. Prenons par exemple notre programme d'évaluation des administrateurs : lorsque vient le temps d'évaluer les administrateurs du district, cela se fait en fonction de leur capacité à faire avancer l'école vers la vision que son personnel a établie en collaboration. Le même principe s'applique à la budgétisation ; en fait, l'établissement du budget est l'un des principaux moyens d'établir des priorités. Ainsi, il va de soi que la budgétisation, l'allocation des ressources et la vision de l'école doivent faire l'objet d'une certaine cohérence. C'est aussi le cas pour la formation professionnelle. La vision de l'école devient l'élément décisionnel principal, sinon le seul, dans la planification des activités de formation. Ainsi, on choisit ces activités dans la mesure où elles contribuent à faire évoluer l'école, ou la commission scolaire, vers sa vision. Bref, le meilleur moyen de rendre un énoncé de mission utile et significatif est de le mettre en application.

NES : Revenons aux questions corollaires que vous avez mentionnées, celles qui donnent un sens à l'énoncé de mission : votre point de vue à ce sujet a changé légèrement au cours des années. Dans vos premiers ouvrages, vous parliez de deux questions ; il y en a maintenant trois. Quel est le raisonnement qui vous a mené à ajouter cette troisième question corollaire ?

Richard : Au début, notre travail se concentrait sur les deux questions : « Que voulons-nous que les élèves apprennent ? » et « Comment saurons-nous si les élèves l'ont appris ? ». Avec le temps, nous avons compris qu'une troisième question était également cruciale : que faire quand on se rend compte que certains élèves n'apprennent pas ? Quelles mesures allons-nous prendre pour améliorer le rendement des élèves et obtenir de

meilleurs résultats ? Comment répondre aux besoins des élèves, en leur donnant plus de temps et de soutien ? La façon dont une école répond aux besoins des élèves en difficulté d'apprentissage est un des meilleurs moyens d'évaluer ses progrès en tant que CAP. Chaque année, dans chaque école – y compris les communautés d'apprentissage – il y a toujours des élèves qui n'assimilent pas immédiatement le contenu, peu importe les efforts déployés par les éducateurs. Les enseignants savent que c'est le cas, et ils n'en sont pas surpris. La question pertinente devient alors : que faisons-nous pour y remédier ? Il faut mettre en place une structure pour offrir systématiquement du temps d'enseignement et du soutien supplémentaires à ces élèves. Il faut fournir aux enseignants l'information qui leur permettra d'identifier les sujets où ces élèves ont des difficultés, ainsi que le temps et le soutien nécessaires pour les aider. Il ne faut pas perpétuer la tradition et laisser les enseignants faire face seuls à cette question critique. Dans ce cas, les variations dans la réponse aux besoins des élèves sont trop grandes.

Robert : Dans les écoles traditionnelles, on réagit à ce problème en encourageant les enseignants à aider les élèves en difficulté. Dans une CAP, on reconnaît que les actions des enseignants individuels sont importantes, mais on perçoit aussi que les capacités de chacun sont limitées. Ce qui caractérise une communauté d'apprentissage quant à cette question, ce sont les efforts collectifs des enseignants pour établir des programmes communs à toute l'école afin d'aider les élèves dans leur apprentissage.

NES : Vous insistez sur l'importance, pour les enseignants, de développer des méthodes d'évaluation communes. Pourquoi est-ce important ? Rebecca, comment vous y êtes-vous prise dans votre école ?

Rebecca : Les enseignants de Boones Mill avaient déjà identifié les connaissances et aptitudes essentielles, par matière. Ils se sont ensuite réunis pour décider comment évaluer l'apprentissage de ce contenu pour chaque élève. Les équipes ont rédigé des examens communs, conçus suivant le modèle des examens de l'État, autant que possible. Chaque enseignant était donc en mesure de jauger le niveau de compréhension de chacun de ses élèves et d'identifier ceux qui avaient besoin de temps et de soutien supplémentaires pour assimiler le contenu essentiel. Cela permettait d'appliquer des mesures d'intervention avant l'examen gouvernemental, plutôt qu'après celui-ci. Ces méthodes d'évaluation permettaient aussi aux élèves de se familiariser avec le modèle de l'examen de l'État, qui est très important.

Les enseignants de Boones Mill ont une idée très claire des savoirs et aptitudes que chaque élève doit acquérir sur chaque sujet. Les méthodes d'évaluation communes leur permettent d'identifier les élèves qui ont besoin d'aide. Les objectifs et les méthodes d'évaluation sont donc établis en commun. Cependant, chaque enseignant est autonome en ce qui a trait aux méthodes pédagogiques elles-mêmes. Il est libre de mettre au point ses propres stratégies et de choisir son propre style d'enseignement, du moment qu'il aide les élèves à maîtriser le contenu essentiel, selon les méthodes d'évaluation communes.

Richard : Je pense que nous touchons à l'essentiel de ce qui rend les méthodes d'évaluation communes si importantes. Rappelons-le, l'une des questions centrales d'une CAP est celle-ci : « Comment saurons-nous ce que les élèves apprennent ? » Les méthodes d'évaluation communes permettent de répondre à cette question au moment opportun. Les résultats des examens de l'État ne nous parviennent qu'à la fin de

l'année scolaire, alors qu'il est évidemment trop tard pour fournir de la rétroaction aux enseignants et venir en aide aux élèves.

Il est donc crucial, pour remplir un engagement envers l'apprentissage de tous les élèves, d'utiliser ces méthodes d'évaluation communes au bon moment, afin d'identifier les élèves qui ont besoin de temps et de soutien supplémentaires. En outre, l'examen de contrôle et l'examen final nous donnent tous deux des renseignements. Cependant, alors que le contrôle pourrait se comparer à une visite de prévention chez le médecin, l'examen final ressemble plutôt à une autopsie. Un examen final, administré à la fin de l'année scolaire, nous donne d'excellents renseignements sur le programme d'enseignement. Il nous indique les aspects forts et moins forts de l'apprentissage des élèves. Ces renseignements seront utiles pour l'enseignement du même contenu au prochain groupe d'élèves. Toutefois, ils n'aident pas les élèves qui ont terminé l'année sans avoir acquis les aptitudes visées. Les examens de contrôle communs rédigés en collaboration par les enseignants sont essentiels pour récolter, au moment opportun, de l'information sur le niveau d'apprentissage de chaque élève.

Les méthodes d'évaluation communes offrent un autre avantage : elles facilitent le travail d'équipe. La notion d'équipe fait référence, encore une fois, à ce groupe d'individus qui travaillent de façon interdépendante en vue d'atteindre un objectif commun. Lorsque les enseignants identifient le contenu essentiel de l'apprentissage, mettent au point des méthodes d'évaluation communes et établissent des normes de rendement des élèves par examen et par contrôle, ils sont en mesure d'établir des objectifs atteignables par un travail concerté. Lorsque, de surcroît, chacun contribue aux efforts du groupe, les équipes peuvent travailler de façon efficace. C'est un aspect clé de la culture de collaboration des CAP.

Enfin, les méthodes d'évaluation communes sont cruciales parce qu'elles donnent aux enseignants, en temps opportun, de la rétroaction sur le rendement des élèves. Comme ce rendement est mesuré par un examen normalisé et selon un indicateur commun, il peut être comparé à ceux d'autres élèves visant le même indicateur. Chaque enseignant est ainsi mieux renseigné sur ce que ses élèves ont appris et sur ce qui leur cause des difficultés, et peut voir si les forces et les faiblesses sont les mêmes pour tous les élèves. Ces renseignements permettent à l'éducateur de bien adapter et d'améliorer son approche d'enseignement. Tous les éléments de base d'une CAP – l'approche axée sur l'apprentissage, la culture de collaboration où le personnel travaille en équipes, l'orientation vers les résultats – sont mis en valeur dans ces méthodes d'évaluation communes. Elles peuvent alors servir de catalyseur pour l'amélioration de l'école. J'irais même jusqu'à dire que sans méthodes d'évaluation communes, les chances de transformer l'école en CAP sont réduites de beaucoup.

NES : Les pédagogues qui entreprennent de développer une liste de valeurs communes, ou d'engagements, disent souvent qu'ils considèrent ce document comme étant le plus difficile à remplir. Par ailleurs, vous mentionnez fréquemment que c'est l'un des aspects essentiels de la transformation culturelle de l'école. Auriez-vous des suggestions pour ceux qui visent à établir une communauté d'apprentissage professionnelle et qui en sont à cette étape ?

Richard : J'offrirais quatre conseils à une école qui est en train de forger ses engagements collectifs. D'abord, les engagements doivent être directement liés à l'énoncé de vision. Il ne s'agit pas d'une étape de discussion abstraite, indépendante du reste du processus. C'est plutôt un dialogue qui doit rester terre-à-terre et avoir un but clairement défini : nous nous sommes entendus sur ce que nous souhaitons pour l'avenir de l'école ; quelles sont les mesures concrètes à prendre afin d'y arriver ? Ces engagements découlent d'un premier engagement commun de base sur ce que le groupe souhaite faire de l'école.

Deuxièmement, il faut limiter le nombre d'engagements. Cinq ou six suffisent amplement. Si l'école se fixe un trop grand nombre de priorités, on les oubliera et elles n'auront aucun effet sur le travail quotidien du personnel. Comme je le dis souvent dans mes ateliers, même Dieu s'est contenté d'un petit nombre de principes avec les dix commandements.

Troisièmement, ces engagements doivent être énoncés en tant qu'actions à poser et comportements à adopter, plutôt qu'en tant que croyances. Nous le répétons souvent dans ce livre : ce qui crée une communauté d'apprentissage professionnelle, ce sont les actions et les comportements de ses membres. Ce n'est pas simplement ce qui se dit. Ce n'est pas simplement ce que l'on croit. C'est ce que l'on fait. Certains programmes d'amélioration des écoles recommandent précisément le contraire, soit de rédiger les valeurs en tant que croyances. Nous ne sommes pas d'accord. Les énoncés de valeurs devraient décrire ce que l'on compte faire, par exemple : « Nous nous engageons à prendre les mesures suivantes afin de faire évoluer l'école vers sa vision ».

Enfin, il faut éviter de dicter aux autres groupes les engagements qu'ils devraient prendre. Les enseignants seront tentés de dire : « Eh bien, si la direction s'engageait à telle ou telle chose, nous pourrions vraiment améliorer l'école. » La direction dira peut-être : « Eh bien, il faudrait vraiment que les enseignants prennent tel ou tel engagement. » On est toujours tenté de dire aux autres quelles devraient être leurs priorités, mais on ne peut pas prendre d'engagements pour les autres : on ne peut les prendre que pour soi-même. Le défi, pour ceux qui souhaitent définir leurs engagements, est donc de faire face à leurs responsabilités propres, plutôt que de bâtir sur la faiblesse des autres.

NES : À propos de la transformation culturelle, vous mentionnez que la confrontation et la célébration sont deux priorités importantes et qui doivent être intégrées à la culture de l'école. Comment peut-on le faire au quotidien ?

Rebecca : Nos célébrations se basent sur nos engagements collectifs envers l'apprentissage, à la fois pour les élèves et pour le personnel. Nous commençons chaque journée en récitant la promesse solennelle de Boones Mill, qui nous rappelle la devise de notre école : « Main dans la main, nous apprenons tous. » Nous célébrons les réussites scolaires et parascolaires des élèves au moment des annonces quotidiennes à travers l'école, dans des bulletins d'information par année scolaire et pour toute l'école, ainsi que lors de cérémonies semestrielles de remise de prix. Ces prix comprennent par exemple l'inscription au tableau d'honneur pour les meilleurs résultats, les prix BUG (« Augmentons les notes »), des prix récompensant les plus importantes améliorations dans chaque matière, le civisme, les habitudes de travail et la présence. Autrement dit, chaque élève de Boones Mill est capable d'atteindre les honneurs et d'être récompensé.

Nous célébrons aussi l'apprentissage des adultes. Les rencontres du personnel enseignant comprennent une période de partage des connaissances, où les équipes parlent de nouvelles idées, des documents et des conclusions issus de leur travail collaboratif. Grâce à l'association des parents, nous célébrons aussi nos réussites collectives par des petits-déjeuners et déjeuners de fête auxquels le personnel entier est convié. Nous fournissons un effort constant pour établir un esprit « familial » dans la communauté de l'école.

Nos engagements communs servent également de principes directeurs pour la confrontation. Nous nous sommes mis d'accord pour agir d'une certaine façon, ce qui nous permettra d'atteindre notre vision commune. Nous avons donc l'obligation d'aborder les comportements de ceux qui ne respectent pas ces engagements. Il arrive parfois que les membres d'une équipe confrontent une personne dont le comportement ne respecte pas les normes du protocole. Parfois, le comité d'amélioration nous met au défi lorsque les résultats obtenus ne correspondent pas aux objectifs de l'école. Et puis, évidemment, la direction doit confronter les enseignants dont le comportement individuel ne correspond pas aux engagements pris envers les élèves et l'école.

NES : Les pédagogues ont souvent des questions sur les aspects pratiques de la transformation en communauté d'apprentissage professionnelle. Cependant, vous parlez souvent de l'importance de la « passion ». Pourquoi insistez-vous tant sur cet aspect et comment peut-il être mis en pratique dans une CAP ?

Richard : La passion est essentielle dans ce processus pour deux raisons : tout d'abord, le processus de transformation peut être pénible. Il ne se fait jamais sans heurts, et jamais du premier coup. Lorsque les choses ne se passent pas comme prévu et que des problèmes surviennent, l'école ne peut persévérer que si les intervenants sont passionnément convaincus de la valeur du processus. Les directeurs d'école ont souvent la réputation de ne continuer une initiative que jusqu'au moment où des difficultés surviennent. Si son application devient trop difficile, ils en concluent que cette approche n'offre pas la solution miracle qu'ils cherchaient, et ils partent à la recherche d'une autre solution plus facile. Les difficultés sont inévitables et on ne peut les surmonter qu'avec la ténacité et la persévérance qui accompagnent la passion.

Ensuite, la passion est cruciale parce que les chiffres eux-mêmes sont une motivation insuffisante. Qui serait inspiré par une augmentation de la moyenne de la classe de 3 % au prochain examen gouvernemental ? Les objectifs chiffrés sont des indicateurs de progrès, mais ce ne sont pas les chiffres qui appellent la passion. La plupart des pédagogues choisissent leur métier parce qu'ils espèrent contribuer positivement à la vie des enfants. Par conséquent, les meilleurs leaders s'adressent aux sentiments des employés. Ils racontent une histoire réelle et continue, contenant des exemples vécus, illustrant la manière dont les efforts collectifs du personnel viennent en aide aux élèves, leur permettant de surmonter des obstacles et de réaliser leurs rêves. Ils rappellent à leur personnel que la seule façon d'atteindre l'objectif principal de l'école est de travailler ensemble. Lorsque des personnes sentent qu'elles atteignent un certain niveau de réussite et qu'elles contribuent aux objectifs communs, et lorsqu'elles ont un sentiment d'appartenance, ces personnes fourniront l'effort nécessaire au travail d'amélioration, même dans les moments les plus difficiles. Les dirigeants doivent donc faire appel à la passion s'ils comptent demander un effort soutenu à leurs enseignants.

Robert : L'idée de la passion est liée à certains commentaires que nous avons faits un peu plus tôt au sujet du leadership. Un leader a différentes responsabilités, mais surtout il motive et inspire les autres. S'il ne réussit pas à intéresser les gens et à susciter en eux une certaine passion envers le but commun, ses efforts tomberont probablement à l'eau.

NES : Une dernière question : les enseignants ont vu passer bien des programmes dans le vent ces dernières années. Comment faire en sorte que l'idée de l'école en tant que communauté d'apprentissage professionnelle ne soit pas perçue comme une mode passagère ? Pouvez-vous nous parler de l'importance de la persévérance ?

Robert : Je crois que dans de nombreuses écoles, lorsque les enseignants se voient présenter pour la première fois les idées à la base d'une CAP, ils prennent une attitude résignée, en se disant que ce n'est qu'un effort temporaire. Ce n'est pas surprenant. La plupart du temps, c'est l'expérience que ces enseignants ont vécue : comme Richard l'a expliqué, les nouvelles idées ou initiatives ne durent souvent que jusqu'au premier accroc, puis on passe à autre chose. Dans une CAP, on fait exactement le contraire. Si nous avons pris le temps d'avoir des discussions en profondeur et significatives sur le type d'école et de commission scolaire que nous souhaitons voir à l'avenir, c'est parce que nous croyons qu'il est de notre responsabilité de persévérer pour atteindre cette vision. Il ne faut pas sauter du train à la première occasion. En fait, c'est plutôt le contraire qui se produit. En ce qui concerne les programmes dans le vent, il est normal et sain d'expérimenter et d'essayer de nouvelles méthodes. Cependant, il faut filtrer les programmes avant de les essayer en se demandant : « Est-ce que cette initiative nous aidera à atteindre la vision que nous avons établie pour l'école ou la commission scolaire ? » La vision de l'école ou de la commission devient ainsi un gabarit qui servira à évaluer chaque nouvelle initiative, programme ou activité. Cette précaution permet d'éviter de se laisser séduire par toutes les nouvelles idées qu'on peut voir passer.

Richard : Si l'on approchait le modèle des communautés d'apprentissage professionnelles comme du tout cuit – par exemple « Voici les six activités que vous devez faire pour devenir une communauté d'apprentissage » – cela deviendrait rapidement une mode passagère. Ce que le modèle CAP offre est un processus, et non un programme. De plus, ce processus est continuel et permanent. Cela fait dix ans que nous travaillons en ce sens à l'école Adlai Stevenson ; nous avons fait tout ce qui est mentionné dans ce livre, sans jamais parler d'une « communauté d'apprentissage professionnelle ». Rebecca avait lancé cette initiative dans son école et l'avait bien établie – les employés travaillaient en équipes depuis plusieurs mois – et personne dans l'école n'avait encore utilisé l'expression « communauté d'apprentissage professionnelle ». Elle n'est pas arrivée un beau jour en disant : « Je suis allée à un atelier et j'ai trouvé la recette qu'il nous fallait pour transformer l'école. » Elle a simplement lancé un processus qui a aidé son personnel à mettre en pratique les idées d'une CAP. Ceux qui cherchent une solution facile et rapide pour améliorer leur école devront chercher ailleurs. Ce modèle offre un processus qui permet de faire face à une tâche très difficile : celle de mettre en place et de maintenir des initiatives qui permettront à tous les élèves d'obtenir de bons résultats, et qui aideront les enseignants à atteindre tout leur potentiel.

Chapitre 5

Appel à l'action

À la conclusion de nos ateliers, nous demandons parfois aux participants de remplir une fiche d'évaluation afin de nous donner de la rétroaction sur le programme. Nous cherchons à savoir si les éléments d'une communauté d'apprentissage professionnelle les ont enthousiasmés, et quelles sont les mesures qu'ils songent prendre, le cas échéant, pour mettre en œuvre ces concepts dans leur école ou leur commission scolaire. Parmi toutes les réponses obtenues, des similarités étonnantes sont apparues au fil des ans. Les répondants ont habituellement une attitude très positive face au concept d'une école dotée d'une mission, d'une vision, de valeurs et d'objectifs communs, où les enseignants travaillent de concert à la recherche collective et appliquée, et où un processus d'amélioration continue permet à l'établissement de se concentrer sur ses résultats et de les améliorer. Ils donnent sans hésitation leur soutien au modèle CAP et aimeraient le voir à l'œuvre dans leur école ; cependant, ils ne sont pas toujours optimistes à cet égard.

Les raisons de ce manque de confiance varient selon la position du répondant dans la hiérarchie du système scolaire.

Les enseignants mentionnent qu'ils aimeraient voir leur école fonctionner selon le modèle CAP, mais qu'un manque de soutien de la part de l'administration les empêcherait sans doute d'aller de l'avant. Les directeurs d'école indiquent qu'ils seraient enchantés que leur école adopte le modèle CAP, mais que les enseignants et la commission scolaire y seraient opposés et qu'ils n'y réussiraient pas. Les employés de commissions scolaires se disent favorables à ce que leurs écoles fonctionnent en tant que CAP, mais que le manque de volonté des directeurs d'école et la résistance des enseignants les en empêcheraient.

Quelle ironie ! En citant le manque de volonté des autres à faire le nécessaire pour améliorer nos écoles, nous rejetons d'emblée la responsabilité qui nous incombe de passer à l'action. Cette citation d'Helen Keller vient très à propos : « Je ne suis qu'une personne, mais je suis tout de même une personne ; je ne peux pas tout faire à moi seule, mais je puis faire quelque chose ; je ne refuserai jamais de faire ce qui est en mon pouvoir de faire. »

Si nous devions formuler un seul espoir quant à la publication de ce livre, ce serait qu'il motive nos lecteurs à « faire quelque chose », peu importe leur position dans l'organisation. Certains directeurs d'école ont fait de leur établissement une communauté d'apprentissage avec succès, malgré l'indifférence de leur commission scolaire. Nous avons connu des directeurs de département qui avaient su former d'excellentes communautés d'apprentissage dans leur école, alors que la structure et la culture de l'établissement n'étaient aucunement favorables au modèle. Des enseignants se sont réunis pour former des équipes de travail dynamiques pour leur année d'études, qui

Appel à l'action

ont su attirer l'intérêt de leurs collègues. Plutôt que leur position dans la structure, tous ces innovateurs avaient en commun une volonté : celle de prendre la responsabilité de faire ce qui était en leur pouvoir.

Les bonnes intentions et les belles paroles ne suffisent pas pour l'amélioration des écoles. Même une réflexion approfondie et un dialogue sérieux n'ont d'effet sur l'amélioration de l'école que dans la mesure où les intervenants de l'établissement s'engagent à changer leur façon de faire. Ainsi, notre but, en présentant les idées, les exemples, les stratégies et les histoires contenues dans ce livre, est d'inspirer nos lecteurs à passer à l'action.

D'ailleurs, nous n'avons pas présenté ici un processus spécifique, à suivre étape par étape, pour la transformation d'une école en communauté d'apprentissage professionnelle. Comme nous l'avons indiqué dans l'introduction, l'évolution de l'école vers une CAP est non linéaire. Il n'y a pas de méthode prescrite pour y arriver. Cependant, nous sommes convaincus que les bases présentées dans ces divers chapitres permettront aux pédagogues d'établir un cadre conceptuel qui les aidera dans leur progression.

En conclusion, il faut lancer la transformation culturelle de l'école en faisant de l'apprentissage, plutôt que l'enseignement, la fonction première de votre école. Il faut ensuite se concentrer sur trois questions clés : Que voulons-nous que les élèves apprennent ? Comment saurons-nous ce que les élèves ont appris ? Comment réagirons-nous lorsque certains élèves n'assimilent pas le contenu ?

Ensuite, établissez des bases solides en vue de créer une communauté d'apprentissage professionnelle. Les différentes activités et initiatives deviendront peu à peu significatives si elles sont entreprises dans le cadre d'une mission, d'une vision, de valeurs et d'objectifs développés en collaboration. Lorsque le personnel a une perception claire de l'objectif de son travail – en sachant définir clairement l'avenir anticipé pour l'école, en prenant des engagements collectifs pour faire avancer l'école en ce sens, et en établissant des cibles et des indicateurs précis pour mesurer leurs progrès – le personnel, donc, se dote de repères fiables qui l'aideront à naviguer à travers le changement.

Établissez dans votre école une culture de collaboration profondément enracinée et riche de sens. Organisez l'école en équipes de travail qui collaborent de façon interdépendante à des objectifs communs. Rappelez-vous enfin que la plupart des écoles se fixent des objectifs, mais que dans une CAP, les équipes se fixent des objectifs qui sont d'abord et avant tout pertinents, puisque reliés aux questions essentielles de l'apprentissage.

Employez une structure bâtie sur des équipes pour encourager une culture de collaboration dans l'école. Assurez-vous que les membres de chaque équipe travaillent de façon interdépendante à des objectifs communs et garantissez à ces équipes les ressources, les renseignements et l'encadrement nécessaires à un travail productif.

Il faut promouvoir sans relâche les priorités de l'école. Communiquez et défendez la vision et les valeurs de l'école par l'attention que vous y portez. Évaluez votre capacité à communiquer ces priorités en vous posant régulièrement les questions suivantes : Quel est le but de notre planification ? Quel modèle représentons-nous pour ce qui est du comportement et de l'attitude ? Sur quoi le suivi doit-il porter ? Que célébrons-nous ?

Appel à l'action

Quels obstacles sommes-nous prêts à affronter ? Comment distribuons-nous notre temps, notre énergie et nos fonds ? Quelles sont les questions essentielles motivant notre école ?

Enfin, nous encourageons tous ceux qui cherchent à transformer culturellement leurs écoles en communautés d'apprentissage professionnelles à avoir la tête dure pour ce qui est de concepts plutôt tendres ! Engagez-vous à forger une culture où chacun prend soin de l'autre et respecte ses sentiments, où les gens font des efforts extraordinaires pour se soutenir et s'aider mutuellement. Encouragez une culture qui se base sur une attitude positive. Il ne faut pas se faire d'illusions : il y aura toujours des problèmes. À l'occasion, ce que vous aviez si bien planifié tombera en morceaux ; les accrocs sont inévitables. Vous aurez souvent la tentation d'abandonner et d'opter pour l'un de ces programmes dans le vent qui vous font miroiter une solution rapide et facile. La question qu'il faut se poser alors n'est pas : « Comment faire pour ne jamais avoir de problèmes ? » mais bien « Comment réagirons-nous lorsque des problèmes se présenteront ? » Même les pires obstacles à la formation d'une CAP ne peuvent que vous ralentir. Vous êtes la seule personne qui peut arrêter complètement le processus.

Allez donc de l'avant avec passion, persévérance et enthousiasme, et faites preuve d'élégance dans l'adversité. Sachez l'importance et la valeur de votre entreprise, et qu'elle a le pouvoir de changer la vie des enfants et des adultes que vous touchez. Nos meilleurs vœux de succès pour le début de cette grande aventure.

Chapitre 6

Outils et modèles

Vous trouverez, dans les pages suivantes, de nombreux exemples et modèles de documents de planification et d'évaluation. Ils seront utiles à l'école qui entreprend les changements culturels nécessaires pour l'établissement une communauté d'apprentissage professionnelle.

La communauté d'apprentissage professionnelle en devenir 137

Il peut être utile de décomposer le développement d'une communauté d'apprentissage professionnelle en étapes. Cet outil permet d'évaluer chacun des aspects d'une CAP selon quatre étapes d'un processus continu : étape préalable, introduction, développement et maintien.

Liste de vérification : suivi et évaluation des changements culturels 146

Cet outil permet au personnel d'évaluer ses progrès dans la réalisation d'une communauté d'apprentissage professionnelle.

Les dix étapes de l'établissement d'une communauté d'apprentissage professionnelle : guide général 153

La transformation en CAP n'est pas un processus à suivre étape par étape, mais de nombreuses écoles ont constaté que cette synthèse leur avait été utile.

PREMIERS PAS : TRANSFORMATION CULTURELLE DE L'ÉCOLE EN CAP

Mission de la New Catholic High School 156
Nous reproduisons ici l'énoncé de mission d'une nouvelle école secondaire à Nashville, au Tennessee. Cet énoncé a été utile à tous les intervenants du développement de l'école, de l'architecte au comité de recommandation pour l'embauche du directeur, en passant par les enseignants.

Mission du Franklin Special School District 156
Cet énoncé de mission est un bon exemple de concision : l'énoncé du district a été concentré en un slogan plein d'inspiration. Cette approche est souvent appropriée.

Énoncés de fondation 157
Ces exemples d'énoncés de mission, de vision, d'engagements collectifs et d'objectifs communs proviennent de l'école primaire Boones Mill. Ils illustrent parfaitement les éléments d'une communauté d'apprentissage professionnelle.

Le projet PASS : préparation de tous les élèves à la réussite 160
Le projet PASS illustre la planification de l'école Boones Mill pour : 1) harmoniser le programme d'études, l'enseignement, l'évaluation et la formation du personnel ; 2) promouvoir un climat de réussite par la mise en place de moyens incitatifs et de célébrations ; 3) établir des partenariats solides avec les parents ; 4) soutenir les élèves ayant besoin d'attention supplémentaire pour l'apprentissage.

Promesse solennelle de l'école Boones Mill 164
Cette promesse solennelle sert de rappel quotidien quant à l'engagement de l'école envers une culture de collaboration : « Main dans la main, nous apprenons tous. »

Outils et modèles

Chaque enfant est capable d'apprendre ! 165
On retrouve dans cette section les approches de quatre écoles pour répondre aux besoins des élèves en difficulté d'apprentissage. Elle permettra au personnel d'évaluer l'approche actuelle de l'école face à ce défi.

Fiche de commentaires pour le travail d'équipe 167
Cette fiche permet au directeur de faire le suivi du travail hebdomadaire des équipes. Elle lui permet d'obtenir des renseignements sur les sujets de discussion, les questions et les problèmes à l'ordre du jour. Elle offre également un bon moyen de communication rétroactif si le directeur choisit de l'employer pour offrir ses commentaires par écrit aux équipes.

Questionnaire d'auto-évaluation semestriel 168
Cet outil d'auto-évaluation permet aux équipes de faire le point sur l'adhésion au protocole et aux normes, tant pour l'équipe elle-même que pour ses membres individuels.

Questions essentielles du travail d'équipe 170
Ces questions permettront aux équipes de concentrer leurs efforts sur les sujets pertinents à l'amélioration des résultats des élèves.

Formule d'établissement d'objectifs pour le rendement des élèves 172
Cette formule aidera les équipes à établir des objectifs SMART et des plans d'action pour les atteindre.

Horaire d'enseignement global 173
Nous reproduisons ici l'horaire global de l'école Boones Mill, qui illustre les moyens utilisés pour garantir du temps de collaboration aux équipes de travail.

Plan général d'amélioration des écoles publiques de Franklin County 174
Le plan d'amélioration de l'école Boones Mill illustre l'application des objectifs généraux de l'école en objectifs spécifiques pour chacune des équipes.

Questionnaire évaluatif : planification de l'amélioration de l'école 186
La majorité des écoles planifient des améliorations d'une façon ou d'une autre. Cependant, on peut optimiser la qualité du processus de planification en répondant à certaines questions de base. Ce court formulaire est un bon exemple du type de questionnement qui permet d'améliorer le processus de planification.

Outils et modèles

La communauté d'apprentissage professionnelle en devenir

Robert Eaker, Richard DuFour, Rebecca DuFour

Lorsque le personnel d'une école tente d'évaluer sa capacité à fonctionner en tant que communauté d'apprentissage, il aura souvent tendance à créer une dichotomie : on considère que soit l'école fonctionne entièrement en tant que communauté d'apprentissage professionnelle, soit qu'elle ne le fait pas du tout. Cependant, le processus d'amélioration de l'école est complexe et ne peut pas simplement se résumer à une proposition vraie ou fausse. Il y a une longue zone grise. Il est donc plus sain de voir le développement d'une communauté d'apprentissage professionnelle comme un processus continu : étape préalable, introduction, développement et maintien. Chaque élément d'une CAP est présenté dans les pages qui suivent selon ces quatre stades :

Étape préalable L'école n'a pas encore abordé ce principe particulier des CAP.

Introduction Des efforts sont investis pour aborder le principe en question, mais ils n'ont pas encore eu d'impact significatif.

Développement Suffisamment d'intervenants ont adopté le principe et il commence à porter fruit. Les membres de la communauté commencent à modifier

	leur point de vue, tout en mettant le principe à l'essai. Des changements sont apportés à la structure de l'organisation afin de l'harmoniser avec le principe en question.
Maintien	Le principe est profondément enraciné dans la culture de l'école. Il est devenu une force motrice dans la vie quotidienne de l'établissement. Son adoption est si profondément ancrée que ce principe survivra même aux changements de personnel.

Évaluez le degré d'amélioration de votre école selon chaque élément de ce processus continu. Puis, consignez des exemples qui illustrent vos progrès.

Valeurs communes : quelles sont les actions à poser pour faire évoluer l'école vers sa vision ?

Étape préalable	Les membres du personnel n'ont pas encore fait l'inventaire des attitudes, comportements et engagements à prendre pour remplir leur mission – l'apprentissage pour tous – et pour faire avancer l'école vers sa vision. Lorsqu'ils discutent de l'amélioration de l'école, ils se concentrent sur ce que les *autres* groupes devraient faire.
Introduction	Les membres du personnel ont établi une philosophie ou rédigé des énoncés de valeurs pour l'école ; cependant, ces valeurs n'ont pas encore d'effet sur leur travail ordinaire, ni sur le fonctionnement de l'école.
Développement	Les membres du personnel font un effort conscient pour énoncer et promouvoir les attitudes, comportements et engagements qui feront

Outils et modèles

avancer l'école vers sa vision. Des exemples de ces valeurs à l'œuvre sont évoqués par des récits et des célébrations. Lorsque des personnes présentent des comportements ne cadrant pas avec les valeurs essentielles de l'école, on les confronte.

Maintien Les valeurs sont enracinées dans la culture de l'école. Ces valeurs communes sont clairement perçues par les nouveaux employés et les observateurs extérieurs. Elles affectent les politiques, les procédures et les pratiques courantes de l'école, ainsi que les décisions quotidiennes de chaque membre du personnel.

Objectifs : quelles sont nos priorités ?

Étape préalable Aucun effort n'a été fait pour inciter le personnel à établir des objectifs d'amélioration de l'école qui soient reliés à l'apprentissage des élèves. Si des objectifs existent, c'est qu'ils ont été imposés par la direction.

Introduction Les membres du personnel ont participé au processus d'établissement des objectifs, mais ceux-ci sont encore perçus comme des tâches à accomplir, ou encore sont tellement vagues qu'il est impossible de les mesurer. Les objectifs n'ont encore aucun effet significatif sur les décisions relatives à l'enseignement.

Développement Les membres du personnel ont travaillé de concert pour établir des objectifs à court et à long terme pour l'école. Les objectifs sont clairs et compris par tous. Des stratégies et des méthodes d'évaluation ont été développées et mises en

	application afin de mesurer les progrès de l'école vers ces objectifs.
Maintien	Tous les membres du personnel visent des objectifs de rendement mesurables dans le cadre de leur travail de routine. Les objectifs sont clairement liés à la vision de l'école. L'atteinte des objectifs fait l'objet de célébrations. Les intervenants sont prêts à définir des objectifs à long terme et à travailler en ce sens.

La culture de collaboration : relations entre la direction et les enseignants

Étape préalable	Les questions relatives au pouvoir sont une source constante de controverse et de mésentente. Dans leurs relations, les enseignants et les gestionnaires se voient souvent en ennemis.
Introduction	Afin de réduire les conflits, des efforts sont faits pour définir clairement les « droits » des enseignants et ceux de la direction. Les deux parties sont encore méfiantes et protègent leur territoire.
Développement	Les gestionnaires recherchent l'apport des enseignants et respectent leurs points de vue dans le choix et le développement de solutions d'amélioration. Cependant, on considère encore que la direction tient la plus grande part des responsabilités pour ce qui est de l'amélioration de l'école.
Maintien	Le personnel participe pleinement au processus de prise de décisions de l'école. Les gestionnaires posent des questions, délèguent des responsabi-

lités, mettent au point des méthodes de prise de décision en collaboration et fournissent au personnel les renseignements, la formation et l'encadrement nécessaires pour prendre de bonnes décisions. L'amélioration de l'école est perçue comme une responsabilité collective.

La culture de collaboration : travail des enseignants

Étape préalable Chaque enseignant travaille seul. Il ne sait pas, ou très peu, ce que ses collègues enseignent et comment ils s'y prennent.

Introduction Les enseignants s'entendent sur un programme d'enseignement commun, mais les échanges d'idées sont rares en ce qui concerne les outils et stratégies d'enseignement et les méthodes d'évaluation.

Développement Les enseignants forment des groupes de travail et se rencontrent périodiquement pour remplir certaines tâches, par exemple pour passer en revue les résultats visés et coordonner leurs calendriers.

Maintien Les enseignants travaillent en équipes. Ils travaillent en collaboration afin d'établir des objectifs communs, mettre au point des stratégies en vue d'atteindre ces objectifs, récolter des renseignements pertinents et apprendre les uns des autres. Plus que de simples groupes de travail, les équipes sont caractérisées par des objectifs communs et travaillent de façon interdépendante en vue de les atteindre.

Partenariat avec les parents

Étape préalable   Les efforts mis en œuvre pour établir un partenariat avec les parents sont rares ou inexistants. Les parents sont soit ignorés, soit vus comme des adversaires.

Introduction   Un certain effort est fourni afin d'informer les parents de la situation de l'école et des activités qui s'y tiennent, afin d'obtenir leur soutien dans le processus d'amélioration.

Développement   Un processus de communication rétroactive est mis en place avec les parents. On cherche à obtenir le point de vue des parents tant pour les décisions globales que pour celles qui concernent directement leurs enfants.

Maintien   Le partenariat entre l'école et les parents devient plus qu'une communication efficace. L'école fournit aux parents les renseignements et les outils qui leur permettent d'aider leurs enfants dans leur apprentissage. Les parents sont les bienvenus dans l'établissement et un programme de bénévolat est mis en place. Les parents sont des partenaires à part entière pour ce qui est des décisions relatives à l'éducation de leurs enfants. Les ressources de la communauté sont mises à profit pour l'amélioration de l'école et de l'apprentissage des élèves.

Recherche appliquée

La recherche appliquée est un processus d'investigation mené par les enseignants et autres pédagogues dans le cadre de leur travail : elle

Outils et modèles

vise à répondre à des questionnements ou à mesurer l'impact de certaines pratiques ou méthodes sur l'apprentissage des élèves.

Étape préalable Bien que certains enseignants mettent parfois à l'essai de nouvelles méthodes dans leur propre classe, aucune structure n'est en place pour soutenir et évaluer leurs efforts ou pour qu'ils puissent partager leurs résultats. De nombreux employés ne savent pas ce qu'est la recherche appliquée ou n'en font jamais.

Introduction Certains membres du personnel participent à des projets d'essai. Le partage d'information est plutôt informel.

Développement Les membres du personnel ont reçu une formation sur les méthodes de la recherche appliquée et mènent des projets de recherche pour améliorer leur pratique professionnelle. Les résultats de ces recherches commencent à générer des changements dans les méthodes d'enseignement au jour le jour.

Maintien Des projets de recherche appliquée découlent directement de la vision et des objectifs communs de l'école. Les membres du personnel voient la recherche appliquée comme un élément important de leurs responsabilités professionnelles. Les enseignants tiennent des discussions fréquentes sur l'impact potentiel des résultats obtenus ; chacun apprend en suivant les recherches de ses collègues.

Amélioration continue

Étape préalable L'idée de mettre au point un système permettant à l'école et aux enseignants de faire un suivi de

	l'apprentissage survient rarement. L'école aurait de la difficulté à répondre à la question « Quels sont nos progrès pour ce qui est de réaliser la vision de l'école ? »
Introduction	Quelques membres du personnel font le suivi d'indicateurs généraux de rendement, par exemple les résultats moyens obtenus lors d'examens provinciaux. Les améliorations font l'objet de célébrations. Les baisses de rendement sont ignorées.
Développement	Les enseignants et les équipes récoltent des renseignements qui leur permettent d'établir des objectifs par classe et par équipe, puis d'en faire le suivi.
Maintien	Chaque membre du personnel participe activement à un cycle continu de récolte et d'analyse d'information : identification des écarts entre les résultats actuels et les résultats visés ; établissement d'objectifs afin de réduire ces écarts ; mise au point de stratégies en vue d'atteindre ces objectifs ; suivi de l'amélioration par des indicateurs précis.

Approche axée sur les résultats

Étape préalable	L'école n'a jamais établi les résultats visés pour chaque élève.
Introduction	On a identifié les résultats visés, mais ils sont décrits en termes tellement vagues et ésotériques qu'ils sont impossibles à mesurer. Les initiatives d'amélioration se concentrent plutôt sur les projets à réaliser et les tâches à accomplir que sur la réussite des élèves.

Développement	On a identifié des cibles en ce qui concerne les résultats des élèves. Des indicateurs de rendement sont définis. L'école ou la commission scolaire récolte et analyse les renseignements pertinents sur le rendement. Les résultats de ces analyses sont ensuite communiqués aux enseignants.
Maintien	Les enseignants sont avides de renseignements sur les résultats. Ils récoltent les renseignements pertinents et s'en servent pour établir des objectifs et en faire le suivi.

Liste de vérification : suivi et évaluation des changements culturels

Robert Eaker, Richard DuFour, Rebecca DuFour

1. Collaboration

Isolement des enseignants.   Collaboration des enseignants.

0   1   2   3   4   5   6   7   8   9   10

Suggestions d'amélioration :

2. Rédaction d'un énoncé de mission

Usuel.   Précise ce que les élèves apprendront.

0   1   2   3   4   5   6   7   8   9   10

Suggestions d'amélioration :

Outils et modèles

3. Rédaction d'un énoncé de vision

Énoncé de croyances, par exemple : « Nous croyons que chaque enfant peut apprendre ».

L'énoncé précise comment l'école répond aux besoins des élèves qui n'assimilent pas le contenu.

0   1   2   3   4   5   6   7   8   9   10

Suggestions d'amélioration :

L'énoncé est ignoré.

L'énoncé sert de base pour planifier les améliorations.

0   1   2   3   4   5   6   7   8   9   10

Suggestions d'amélioration :

4. Rédaction d'un énoncé de valeurs

Valeurs arbitraires.

Valeurs liées à la vision.

0   1   2   3   4   5   6   7   8   9   10

Suggestions d'amélioration :

Valeurs exprimées en tant que croyances.

Valeurs exprimées en tant que comportements et engagements.

0   1   2   3   4   5   6   7   8   9   10

Suggestions d'amélioration :

Les actions des autres sont au premier plan.

L'accent est mis sur nos propres actions.

0   1   2   3   4   5   6   7   8   9   10

Suggestions d'amélioration :

National Educational Service

5. Rédaction d'un énoncé d'objectifs

Arbitraires. Reliés à la vision.

0   1   2   3   4   5   6   7   8   9   10

Suggestions d'amélioration :

Les objectifs ne peuvent être ni évalués, ni mesurés. Les objectifs correspondent à des indicateurs de rendement mesurables.

0   1   2   3   4   5   6   7   8   9   10

Suggestions d'amélioration :

Aucun suivi. Suivi continuel.

0   1   2   3   4   5   6   7   8   9   10

Suggestions d'amélioration :

Les objectifs ne sont pas atteignables. Les objectifs visent des gains à court terme et des défis à long terme.

0   1   2   3   4   5   6   7   8   9   10

Suggestions d'amélioration :

6. Approche axée sur l'apprentissage

Approche axée sur l'enseignement. Approche axée sur l'apprentissage.

0   1   2   3   4   5   6   7   8   9   10

Suggestions d'amélioration :

Outils et modèles

Chaque enseignant décide, à lui seul, de la matière à enseigner.   Programme d'études développé en collaboration et axé sur ce que les élèves doivent apprendre.

0   1   2   3   4   5   6   7   8   9   10

Suggestions d'amélioration :

Surcharge de contenu.   Réduction du contenu ; approfondissement de la matière privilégiée.

0   1   2   3   4   5   6   7   8   9   10

Suggestions d'amélioration :

Méthodes d'évaluation mises au point par l'enseignant.   Méthodes d'évaluation mises au point en collaboration.

0   1   2   3   4   5   6   7   8   9   10

Suggestions d'amélioration :

7. Recherche collective

Stratégies d'amélioration choisies en fonction de l'opinion de la moyenne.   Décisions se basant sur la recherche et les meilleures pratiques, selon les recherches collaboratives des enseignants.

0   1   2   3   4   5   6   7   8   9   10

Suggestions d'amélioration :

8. Recherche appliquée et expérimentation

Efficacité des méthodes d'amélioration évaluée à l'externe ; on se fie à des personnes hors de l'école pour juger de ce qui fonctionne.

Approches validées à l'interne ; des équipes d'enseignants mettent diverses approches à l'essai et comparent leurs effets sur l'apprentissage.

0   1   2   3   4   5   6   7   8   9   10

Suggestions d'amélioration :

Choix basé sur le fait que les enseignants aiment diverses approches ou non.

L'effet des diverses approches sur l'apprentissage est le principal critère d'évaluation.

0   1   2   3   4   5   6   7   8   9   10

Suggestions d'amélioration :

9. Les enseignants en tant que leaders

Les gestionnaires sont vus comme occupant des positions de leadership, les enseignants comme des exécutants, des « suiveurs ».

Les gestionnaires sont vus comme étant des leaders de leaders ; les enseignants sont perçus comme des leaders du changement.

0   1   2   3   4   5   6   7   8   9   10

Suggestions d'amélioration :

10. Plan d'amélioration de l'école

Le plan d'amélioration de l'école porte sur de nombreux aspects.

Le plan d'amélioration de l'école porte sur un nombre restreint d'objectifs ayant un effet sur l'apprentissage des élèves.

0   1   2   3   4   5   6   7   8   9   10

Suggestions d'amélioration :

| L'objectif est souvent de « remettre le plan à temps ». Ensuite, le plan est ignoré. | Le plan est le véhicule de choix pour une amélioration organisée et durable de l'école. |

0   1   2   3   4   5   6   7   8   9   10

Suggestions d'amélioration :

11. Célébration

| Les célébrations sont rares. Lorsque des enseignants sont honorés, la célébration vise habituellement un groupe. | Les célébrations sont fréquentes et visent des individus autant que des groupes. |

0   1   2   3   4   5   6   7   8   9   10

Suggestions d'amélioration :

| Les élèves sont honorés lorsqu'ils atteignent un succès préétabli. | En plus d'honorer les succès préétablis, les célébrations marquent les améliorations. |

0   1   2   3   4   5   6   7   8   9   10

Suggestions d'amélioration :

| Les honneurs sont réservés à quelques individus. | L'école met tous ses efforts à « créer » des succès et à les célébrer. |

0   1   2   3   4   5   6   7   8   9   10

Suggestions d'amélioration :

| Les célébrations et les honneurs sont arbitraires. | Les célébrations sont liées à la vision de l'école, à ses valeurs et aux améliorations du rendement des élèves. |

0   1   2   3   4   5   6   7   8   9   10

Suggestions d'amélioration :

12. Persévérance

| Les initiatives d'amélioration changent fréquemment, suivant les tendances et les programmes à la mode. | L'école s'engage à « maintenir le cap », dans le but d'atteindre sa vision. De nouvelles initiatives sont mises en œuvre uniquement lorsqu'on a déterminé que les changements aideront l'école dans ce but. |

0   1   2   3   4   5   6   7   8   9   10

Suggestions d'amélioration :

| Le dirigeant se concentre sur la gestion des activités quotidiennes. | Le rôle du leader est de promouvoir et de défendre la vision et les valeurs de l'école, et de confronter les personnes dont les comportements ne cadrent pas avec celles-ci. La direction marque et honore les comportements qui illustrent les valeurs de l'école. |

0   1   2   3   4   5   6   7   8   9   10

Suggestions d'amélioration :

Outils et modèles

Les dix étapes de l'établissement d'une communauté d'apprentissage professionnelle : guide général

Robert Eaker, Richard DuFour, Rebecca DuFour

1. **Valorisation de la collaboration :** La première étape, et la plus importante, est d'abord une philosophie. Chaque intervenant d'une CAP doit comprendre que toutes les questions et tous les problèmes qui se présenteront lors de l'établissement de la communauté d'apprentissage seront abordés par des équipes d'enseignants travaillant en collaboration.

2. **Connaissance des principes de la CAP :** Tous les intervenants doivent bien comprendre les concepts et caractéristiques d'une école qui fonctionne en tant que communauté d'apprentissage professionnelle.

3. **Établissement d'une mission, d'une vision, de valeurs et d'objectifs communs :** Le personnel de l'école doit établir une mission, une vision, des valeurs (engagements) et des objectifs communs en tenant compte des points de vue des différents groupes. Ces accords doivent être établis avec soin, être consignés par écrit et surtout, ils doivent être mis en pratique.

4. **Communication de la mission d'apprentissage des élèves :** L'énoncé de mission peut prendre diverses formes, du moment qu'il communique clairement le fait que la fonction principale de l'école est l'apprentissage. Il est parfois utile de raccourcir l'énoncé de mission pour en faire un slogan motivationnel.

   Une fois l'énoncé de mission adopté, l'école doit planifier des séances de travail où les équipes d'enseignants s'efforceront de répondre aux questions suivantes :

   - Que voulons-nous que les élèves apprennent, par sujet, par matière et par année ?
   - Comment saurons-nous ce que les élèves ont acquis en fait de savoirs et d'aptitudes ?
   - Quel est notre plan d'action pour répondre aux besoins des élèves qui n'assimilent pas le contenu ?

5. **Énoncé de la vision d'excellence :** L'énoncé de vision doit décrire l'école telle qu'on souhaite la voir à l'avenir. En fait, il s'agit d'une description, de la part du personnel, de ce qui constitue l'excellence en pédagogie sous ses aspects les plus divers : atmosphère, leadership, programme, technologie, participation des élèves et des parents, et ainsi de suite.

6. **Mise en application de l'énoncé de vision :** L'énoncé de vision doit être mis en application. Tous les aspects clés de la gestion de l'école, notamment le budget, le programme et la structure organisationnelle, doivent être liés à la vision. Autrement dit, on doit toujours se demander quel sera l'impact d'éventuels changements sur la capacité du personnel à réaliser la vision de l'école.

7. **Établissement d'un lien entre les valeurs et la vision :** L'énoncé de valeurs, ou d'engagements, doit être directement

Outils et modèles

lié à l'énoncé de vision. Pour ce faire, le personnel doit analyser chaque élément de l'énoncé de vision en se posant la question : « Si nous souhaitons devenir le type d'école que nous décrivons ici, quels comportements et attitudes devons-nous adopter ? »

- Voici un point essentiel : le rôle du leader est de communiquer, de promouvoir et de défendre les énoncés d'engagements, et de confronter les personnes dont les comportements ne cadrent pas avec ceux-ci.

8. **Objectifs à court et à long terme :** L'établissement d'objectifs en collaboration permet de déterminer quelles sont les mesures à prendre et quand elles doivent être prises. L'école doit viser à la fois des objectifs à court terme et à long terme. Le plan d'amélioration de l'école est le véhicule de choix pour travailler à ces objectifs et en faire l'évaluation et le suivi. Le plan doit aussi prévoir la célébration des succès, à mesure que les objectifs d'amélioration graduelle sont atteints.

9. **Planification basée sur la recherche et l'analyse des résultats :** Le plan d'amélioration de l'école doit se baser sur la recherche et les renseignements disponibles. Pour ce faire, des équipes d'enseignants entament une recherche des meilleures méthodes en pédagogie, puis les mettent à l'essai. Elles analysent ensuite les effets de ces méthodes sur l'apprentissage des élèves.

10. **Progrès cyclique :** Le processus de transformation et d'amélioration est cyclique. Il doit être intégré au calendrier de l'école et toujours viser à améliorer l'apprentissage des élèves. Autrement dit, ce processus doit faire partie intégrante du fonctionnement quotidien de l'école. Au bout du compte, le processus d'établissement d'une communauté d'apprentissage professionnelle équivaut à la transformation culturelle de l'école.

Énoncés de mission

Mission de la New Catholic High School

L'école secondaire New Catholic High School est un établissement catholique diocésain qui vise à continuer la mission de l'Église en instruisant et en formant les jeunes, tout en leur communiquant les valeurs et la tradition chrétiennes telles que professées par l'Église catholique.

La mission de la New Catholic High School consiste à :

- Motiver les jeunes à mener une vie exemplaire reflétant les valeurs de l'Église catholique

- Étendre les connaissances et les aptitudes des élèves en établissant un environnement d'apprentissage favorable à l'excellence scolaire et en valorisant la grandeur de la Création

- Créer une communauté d'apprentissage à facettes multiples, dédiée au soutien mutuel entre les étudiants, les parents, les enseignants et le reste du personnel, dans un engagement à servir son prochain

Mission du Franklin Special School District

Viser l'excellence de l'enseignement et de l'apprentissage pour tous.

Énoncés de fondation

Mission de l'école primaire Boones Mill

La mission de l'école primaire Boones Mill consiste à fournir à ses élèves un milieu d'apprentissage adapté aux besoins individuels et offrant à chaque enfant une expérience bénéfique à tous les aspects de son développement. Dans un cadre de respect mutuel englobant toute la communauté de l'école, nous visons à ce que nos enfants se développent et apprennent dans un climat constructif où le personnel enseignant et non-enseignant, les parents et les élèves eux-mêmes manifestent de l'enthousiasme envers l'enseignement et l'apprentissage.

Vision

Nous croyons que la meilleure stratégie pour remplir la mission de l'école primaire Boones Mill consiste à développer notre capacité de fonctionner en tant que communauté d'apprentissage professionnelle. Nous adoptons une vision de l'école où le personnel enseignant :

- s'unit en un travail concerté dans le but d'atteindre des objectifs communs clairement définis ;
- travaille en équipes collaboratives ;
- recherche et met en œuvre des stratégies favorables à une amélioration continue du rendement des élèves ;
- fait le suivi des progrès de chaque élève ;

- démontre un engagement personnel à la réussite scolaire et au bien-être de tous nos élèves.

Engagements collectifs

Afin d'atteindre sa vision d'une école fonctionnant en tant que communauté d'apprentissage professionnelle, le personnel de l'école primaire Boones Mill prend les engagements suivants :

- Harmonisation de l'enseignement avec les guides pédagogiques et les normes d'apprentissage de l'État et avec les guides de programme d'études de la division
- Développement, mise en œuvre et évaluation de programmes d'amélioration de l'enseignement des équipes, visant les domaines pédagogiques identifiés par l'analyse du rendement des élèves
- Poursuite d'une formation continue significative et intégrée au milieu de travail
- Mise sur pied de programmes d'enseignement individuels et par petits groupes, afin de fournir du temps d'enseignement supplémentaire aux élèves en difficulté
- Communication de ressources, d'outils et de renseignements aux parents afin qu'ils puissent aider leurs enfants à atteindre la réussite scolaire
- Emploi de diverses méthodes pédagogiques afin de contribuer à la réussite de tous les élèves
- Développement et emploi de méthodes d'évaluation communes se basant sur les modèles normalisés de la Virginie et des États-Unis

Outils et modèles

Objectifs

- Amélioration du rendement des élèves dans le domaine des langues, pour chaque année d'études, selon les méthodes d'évaluation du district, de la Virginie et des États-Unis
- Amélioration du rendement des élèves dans le domaine des mathématiques, pour chaque année d'études, selon les méthodes d'évaluation du district, de la Virginie et des États-Unis

Le projet PASS : préparation de tous les élèves à la réussite

PROMOUVOIR ACTIVEMENT L'HARMONISATION DU PROGRAMME, DE L'ENSEIGNEMENT, DES ÉVALUATIONS ET DE LA FORMATION DU PERSONNEL

- Établissement des connaissances et aptitudes essentielles par année d'études à partir des guides pédagogiques et normes d'apprentissage de l'État et des guides de programme d'enseignement de la division.
- Harmonisation de l'enseignement quotidien avec les objectifs d'apprentissage établis.
- Conception et utilisation de méthodes d'évaluation mises au point par les enseignants selon le modèle des examens de l'État.
- Optimisation du contenu et de l'acquisition des aptitudes dans les matières ou activités « spéciales » (musique, art, éducation physique, informatique, travail en bibliothèque et orientation), les programmes d'éducation spécialisée (orthophonie, classe adaptée) et les activités culturelles.
- Organisation de l'horaire et de la structure de travail du personnel offrant des occasions de collaboration et de développement professionnel liées aux objectifs de rendement des élèves.

Outils et modèles

- Création d'un horaire global comprenant différentes périodes réservées à l'enseignement, à la collaboration entre enseignants et au travail de planification individuel.

Aspirer à créer un climat de réussite : moyens incitatifs et célébrations

- Affichage, sur les murs de l'école, d'une chaîne de personnages de papier illustrant la devise « Main dans la main, nous apprenons tous » et reconnaissant la réussite de chaque élève ayant atteint des objectifs scolaires prédéfinis.

- Reconnaissance des réussites scolaires et parascolaires des élèves, par des annonces quotidiennes à travers l'école.

- Publication des noms des élèves ayant atteint les objectifs de rendement dans des bulletins d'information par classe et dans le bulletin général de l'école.

- Célébration des succès d'élèves individuels dans les domaines de l'excellence scolaire, de l'amélioration et du civisme lors de cérémonies trimestrielles.

- Emploi de moyens incitatifs individuels et organisation de cérémonies de récompense trimestrielles pour les élèves ayant atteint des objectifs de lecture individuels et collectifs.

- Communication des connaissances acquises et des succès obtenus lors de réunions d'équipe hebdomadaires et de réunions de personnel mensuelles.

Structurer des partenariats solides avec les parents

- Établissement de systèmes de communication rétroactive et continue entre la maison et l'école : notes de service, appels téléphoniques, visites, etc.

- Transmission aux parents, chaque semaine, d'un dossier de travail de l'élève pour consultation et signature.

- Communication aux parents de conseils d'aide aux devoirs, de guides d'apprentissage et de ressources spécifiques, conçus par année d'études.

- Tenue d'ateliers destinés aux parents, par année d'études, pour la communication des résultats visés et de stratégies permettant de renforcer l'apprentissage de l'élève à la maison.

SOUTENIR LES ÉLÈVES AYANT BESOIN D'ATTENTION SUPPLÉMENTAIRE POUR L'APPRENTISSAGE

- Analyse des résultats des élèves, par matière, afin d'identifier les forces et les faiblesses individuelles et celles du groupe.

- Planification de temps et d'encadrement pour les élèves ayant besoin de soutien supplémentaire pour l'acquisition des connaissances et aptitudes visées.

- Développement de systèmes d'enseignement par les pairs dans chaque classe et pour chaque année d'études.

- Mise en place d'un système de jumelage afin que les élèves des classes supérieures puissent fournir leur aide aux élèves des petites classes.

- Affectation des membres du personnel à des périodes de tutorat quotidiennes pour des élèves individuels et en petits groupes.

- Emploi de programmes informatiques individualisés d'apprentissage des mathématiques et de la lecture, en classe et au laboratoire d'informatique.

- Organisation d'un programme de mentorat et de tutorat incorporant des parents bénévoles, des membres de partenariats avec les entreprises, des retraités et des stagiaires de l'école secondaire et des universités.

- Mise en œuvre du programme SOS (« Sauvez un élève ») afin de fournir un encouragement et un soutien individuels à certains élèves.
- Rassemblement de l'équipe d'étude des besoins spéciaux pour la planification de moyens d'intervention supplémentaires.

Promesse solennelle de l'école Boones Mill

―――――――――――――――

Nous, membres de la communauté de Boones Mill, jurons solennellement de nous respecter nous-mêmes, de respecter les autres et de respecter notre école. Le respect signifie :

R Responsabilité

E Effort

S Solidarité

P Pouvoir être fier

E Enthousiasme

C Courtoisie

T Travail d'équipe

Nous travaillons fort ensemble, parce que :
« Main dans la main, nous apprenons tous » !

Chaque enfant est capable d'apprendre !

Chaque enfant est capable d'apprendre selon ses capacités.

Nous croyons que chaque enfant peut apprendre, mais que sa capacité à le faire dépend de ses aptitudes innées. Ces aptitudes sont relativement fixes. En tant qu'enseignants, nous avons donc peu d'influence sur la capacité d'apprentissage de l'élève. Il est donc de notre ressort de créer des programmes qui permettront de répondre aux différents niveaux de capacité et de guider chaque enfant vers le programme approprié. Ainsi, chaque élève a accès à un programme d'études pertinent et maximise ses chances de maîtriser le contenu approprié à son potentiel.

Chaque enfant est capable d'apprendre s'il profite des occasions d'apprentissage qui lui sont offertes.

Nous croyons que chaque enfant peut apprendre, s'il choisit d'y investir l'effort nécessaire. Notre responsabilité est de faire en sorte que chaque élève ait l'occasion d'apprendre ; nous remplissons cette responsabilité lorsque nos leçons sont claires et intéressantes. Cependant, au bout du compte, notre travail est d'enseigner ; la responsabilité d'apprendre incombe à l'élève. Nous devons inviter l'enfant à apprendre, mais également respecter son choix s'il décide de ne pas le faire.

Chaque enfant est capable d'apprendre si nous prenons la responsabilité de garantir son développement.

Nous croyons que chaque enfant peut apprendre, et que notre responsabilité consiste à favoriser son développement. L'ampleur de ce développement est déterminée en partie par ses aptitudes innées et par ses efforts. Nous sommes responsables d'encourager tous les élèves à apprendre autant qu'il leur est possible de le faire ; cependant, l'étendue de leur apprentissage dépend d'autres facteurs sur lesquels nous avons peu de contrôle.

Chaque enfant peut apprendre si nous établissons des normes d'apprentissage élevées que tous les élèves doivent atteindre.

Nous croyons que chaque enfant peut et doit apprendre et obtenir de bons résultats. Notre responsabilité consiste à maintenir en classe un environnement d'apprentissage qui puisse produire ces résultats. Nous sommes convaincus qu'avec notre soutien et notre aide, les élèves peuvent maîtriser un contenu scolaire difficile, et nous nous attendons à ce qu'ils y réussissent. Nous nous engageons à travailler en collaboration avec nos collègues, nos élèves et leurs parents afin d'atteindre cet objectif pédagogique commun.

Outils et modèles

Fiche de commentaires pour le travail d'équipe

_____

Nom de l'équipe : _____

Date de la rencontre : _____

Objectifs de l'équipe : _____
_____
_____
_____

Membres de l'équipe présents :   **Membres de l'équipe absents :**
_____   (Indiquer la raison de chaque absence)
_____   _____
_____   _____
_____   _____
_____   _____

Sujet ou but de la rencontre :

Questions ou problèmes :

Gestionnaire : _____
Date : _____

Questionnaire d'auto-évaluation semestriel

École primaire Boones Mill

Année d'études ou nom de l'équipe : _____
Date: _____

En vous basant sur votre expérience en tant que membre de l'équipe pédagogique au cours de cette année scolaire, répondez aux questions ci-dessous :

Entièrement d'accord	D'accord	Neutre	En désaccord	Entièrement en désaccord

1. Je connais les normes et le protocole établis par mon équipe.

5	4	3	2	1

Commentaires : _____
_____
_____

2. Les membres de mon équipe respectent les normes et le protocole établis.

5	4	3	2	1

Commentaires : _____
_____
_____

Outils et modèles

| Entièrement d'accord | D'accord | Neutre | En désaccord | Entièrement en désaccord |

3. Notre équipe se concentre sans relâche sur les objectifs qu'elle a établis.

    5   4   3   2   1

Commentaires : _____

_____

_____

4. Notre équipe fait des progrès quant à son programme d'amélioration de l'enseignement.

    5   4   3   2   1

Commentaires : _____

_____

_____

5. Le directeur de l'école encourage une culture de collaboration.

    5   4   3   2   1

Commentaires : _____

_____

_____

PREMIERS PAS : TRANSFORMATION CULTURELLE DE L'ÉCOLE EN CAP

Questions essentielles du travail d'équipe

Nom de l'équipe : _____
Chef d'équipe : _____
Date : _____

Lisez les énoncés descriptifs ci-dessous et évaluez leur pertinence par rapport à votre équipe :

Ne s'applique pas à l'équipe		S'applique à certains membres de l'équipe		Je ne sais pas		L'équipe a abordé cette question		L'équipe a établi un consensus et agit en conséquence	
1	2	3	4	5	6	7	8	9	10

1. _____ Chaque membre de l'équipe connaît parfaitement les résultats visés pour l'année d'études et pour chaque matière.

2. _____ Les résultats visés pour l'année d'études correspondent aux objectifs d'apprentissage de l'État et aux principaux examens du gouvernement.

3. _____ Nous avons défini les connaissances et aptitudes préalables nécessaires pour atteindre les résultats visés pour l'année d'études ou la matière.

Outils et modèles

4. _____ Nous avons établi des stratégies et mis au point des outils qui nous permettent d'évaluer les connaissances et aptitudes préalables nécessaires pour chaque élève.

5. _____ Nous avons établi en collaboration l'ordre d'enseignement des éléments de contenu du cours afin d'aider les élèves à atteindre les résultats visés.

6. _____ Nous avons établi en collaboration des critères servant à jauger la qualité du travail des élèves dans les domaines clés du cours, tels que l'écriture, la parole et les divers projets.

7. _____ Nous avons communiqué aux élèves les critères qui serviront à jauger la qualité de leur travail et leur en avons donné des exemples.

8. _____ Nous avons mis au point des méthodes d'évaluation de contrôle afin d'identifier les forces et les faiblesses individuelles.

9. _____ Nous avons mis au point des examens finaux afin d'identifier les forces et les faiblesses du programme d'enseignement.

10. _____ Nous avons établi le niveau de rendement que tous les enfants doivent atteindre, tel que mesuré dans les examens finaux.

11. _____ Nous avons identifié le contenu à éliminer afin de consacrer davantage de temps au contenu essentiel du programme.

12. _____ Nous avons analysé les données de rendement des élèves et établi des objectifs d'amélioration mesurables pour l'équipe, qui serviront de point de mire pour notre travail.

13. _____ Nous avons établi un protocole et des normes d'équipe afin de guider notre collaboration.

14. _____ Nous respectons les normes de l'équipe.

15. _____ Nous recherchons continuellement de nouvelles méthodes pour aider les élèves à obtenir de meilleurs résultats.

Formule d'établissement d'objectifs pour le rendement des élèves

Nom de l'équipe : _____   **Chef d'équipe :** _____

Question abordée par l'objectif : _____

Définissez un objectif SMART pour le rendement des élèves de votre équipe (<u>S</u>pécifique, <u>M</u>esurable, <u>A</u>tteignable, axé sur les <u>R</u>ésultats et limité dans le <u>T</u>emps) :

Plan d'action	Responsabilité	Échéancier	Évaluation
Quelles mesures seront prises ou quelles activités seront réalisées pour atteindre cet objectif ? Quels seront les documents produits ?	Quelles seront les personnes responsables de mettre en œuvre et d'assurer la continuation du plan d'action ?	Quel serait un échéancier raisonnable pour chacune des activités du plan d'action ?	Quelles preuves seront présentées pour démontrer les progrès de l'équipe par rapport à son objectif ?

Horaire d'enseignement global

L'horaire global permet de réserver quotidiennement d'importantes périodes pour l'enseignement magistral dans toutes les classes, des périodes pour les matières ou activités « spéciales » (musique, arts, éducation physique, informatique, travail en bibliothèque et orientation) et du temps de planification pour le personnel enseignant. Des périodes sont également réservées pour les rencontres d'équipe hebdomadaires.

Outils et modèles

Horaire d'enseignement global 2001-2002 de l'école Boones Mill

	Lundi						Mardi						Mercredi						Jeudi						Vendredi					
	B	I	O	M	B	EP	B	I	O	M	B	EP	B	I	O	A	B	EP	B	I	O	M	B	EP	B	I	O	A	B	EP
8 h 15 - 8 h 40	Petit-déjeuner, étude du matin, examens du programme de lecture accéléré, librairie et projet de la banque First Virginia.																												
8 h 40 - 8 h 50	Deuxième cloche, moment de recueillement, promesse solennelle et annonces du matin.																												
8 h 50 - 9 h 25		2-W	2-S	2-H	2-W	2-S			3-D	2-H	3-F	2-S		2-W	2-S	2-H	3-F	2-W			2-S	2-W	3-F	3-D				2-W	2-S	2-H
9 h 30 - 10 h 05	3-F			2-H		3-F	3-D	3-J	3-D	3-J	3-F	3-J		3-D		3-J		3-F		3-F	3-F	3-J	3-F	3-D		2-H	3-J	2-S	3-F	2-W
10 h 10 - 10 h 45	3-J			3-D		3-J	3-J	3-D				3-J		3-D		3-F		3-D	M-R	M-DU	M-P	3-F	M-DI	M-DI	3-D	3-D	3-F			3-F
10 h 50 - 11 h 25	1-R			1-H	1-R	1-H				1-H		1-J			1-J	1-H		1-J			1-J	1-R	1-H	1-H		1-H	M-DU	1-J	M-R	M-P
11 h 30 - 12 h 05	M-R	M-DU	M-DI	M-P	M-P	M-R			M-DU	M-DI	M-R	M-R		M-P	M-DI	M-R	M-P	M-R		1-R	1-H	1-J	1-R	1-R		M-R	M-DI	1-R	M-DU	M-DU
12 h 10 - 12 h 45	Repas de 10 h 45 à 13 h 15 (périodes de 30 minutes par classe séparées par des intervalles de 5 minutes).																												
12 h 50 - 13 h 25		5-C		5-A	5-C	5-A		5-H	5-A		5-A	5-H			5-A	5-C	5-A	5-H			5-A	5-C		5-H			5-A	5-H		5-C
13 h 30 - 14 h 05				5-H	5-H	5-C										4-AY		5-A		4-AY	5-H	4-AM	4-AY	5-A			5-C	5-A		5-H
14 h 05 - 14 h 40	4-AM	4-AY		4-TH	4-TH	4-AM		4-AY	4-TH	4-TH	4-AY	4-AM		4-AY	4-TH	4-AM		4-AM		4-TH	4-AM	4-AY	4-TH	4-TH		4-AM	4-AM	4-TH	4-AM	4-AY
14 h 45 - 15 h 45	Annonces de fin de journée et libération des élèves (14 h 50 à 14 h 58) ; départ des autobus à 15 h 00.																												

A = Arts ; B = Bibliothèque ; EP = Éducation physique ; I = Informatique ; M = Musique ; O = Orientation

PREMIERS PAS : TRANSFORMATION CULTURELLE DE L'ÉCOLE EN CAP

Plan général d'amélioration des écoles publiques de Franklin County

École : École primaire Boones Mill **Année :** 2001-2002

Objectif 1 : Amélioration du rendement des élèves dans le domaine des langues, selon les méthodes d'évaluation du district, de la Virginie et des États-Unis.

OBJECTIF MESURABLE	ACTIVITÉS
Maternelle : **Situation présente :** 97 % des élèves de maternelle ont obtenu une note de 2 ou plus dans le contrôle de lecture du comté en mai 2001. **Situation souhaitée :** Maintenir ou améliorer la proportion de 97 % des élèves de maternelle obtenant une note de 2 ou plus dans le contrôle de lecture du comté en mai 2002. **Première année :** **Situation présente :** 72 % des élèves de première année ont obtenu une note de 3 ou plus dans le contrôle de lecture du comté en mai 2001. **Situation souhaitée :** Au moins 75 % des élèves de première année obtiendront une note de 3 ou plus dans le contrôle de lecture du comté en mai 2002.	**Programme :** 1. Planifier l'enseignement en harmonisant le contenu avec les guides pédagogiques et les normes d'apprentissage de l'État et les guides de la division (programme d'études, anglais, progression maternelle-cinquième année). **Formation du personnel :** 2. Assister aux ateliers et cours suivants et appliquer les stratégies apprises : • Ateliers de linguistique du comté • Formation PALS • Programme d'apprentissage Jean Blades Whole Body • Formation Marilyn Burns en mathématiques • Lecture dirigée • Formation en technologie de l'éducation

Outils et modèles

PERSONNES RESPONSABLES	ÉCHÉANCIER	BUDGET	ÉVALUATION
Personnel enseignant	Septembre 2001 à mai 2002		Plans de leçons, guides de progression, programme d'études, formulaires de concordance
Personnel enseignant, directrice	Automne 2001		Suivi de la participation et rétroaction des participants aux ateliers
Enseignants de 1re et 3e année	12 septembre 2001		
Personnel enseignant, directrice	20 août 2001		
	21 août 2001		
Enseignants de 1re et 2e année	27 septembre 2001		
Personnel enseignant, directrice	Septembre 2001 à mai 2002		

(suite...)

PREMIERS PAS : TRANSFORMATION CULTURELLE DE L'ÉCOLE EN CAP

OBJECTIF MESURABLE	ACTIVITÉS
Deuxième année : **Situation présente :** 90 % des élèves de deuxième année ont obtenu une note de passage (80 % ou plus) dans le premier contrôle de lecture de deuxième année du comté en mai 2001. **Situation souhaitée :** Maintenir ou augmenter une proportion de 90 % des élèves de deuxième année obtenant une note de passage (80 % ou plus) dans le premier contrôle de lecture de deuxième année du comté en mai 2002. **Troisième année :** **Situation présente :** Les élèves de troisième année ont obtenu une note moyenne de 36 dans le contrôle sur les techniques d'écriture administré par l'État en mai 2001. **Situation souhaitée :** Les élèves de troisième année obtiendront une note moyenne de 38 ou plus dans le contrôle sur les techniques d'écriture administré par l'État en mai 2002.	3. Développer, mettre en œuvre et évaluer des programmes d'amélioration personnelle dans le cadre des équipes de travail par année d'études, afin d'améliorer l'enseignement (et le rendement des élèves) par des activités de formation professionnelle ciblées. L'horaire global comprend des périodes hebdomadaires réservées à la planification du travail d'équipe afin de faciliter la formation continue intégrée au travail. **Enseignement :** 4. Établir et mettre en application un horaire global comprenant : des périodes réservées à l'enseignement magistral ; des cours quotidiens pour chaque élève dans les matières ou activités « spéciales » ; du temps de planification individuel pour le personnel enseignant ; des périodes hebdomadaires pour les rencontres d'équipe du personnel enseignant. Employer le personnel de soutien pour la supervision des élèves pendant les activités culturelles afin de libérer les équipes d'enseignants pour les rencontres mensuelles entre années d'études. 5. Développer des programmes d'enseignement supplémentaire individuel ou en petits groupes pour les élèves ayant des difficultés à atteindre les indicateurs de l'année d'études pour les aptitudes essentielles.

Outils et modèles

PERSONNES RESPONSABLES	ÉCHÉANCIER	BUDGET	ÉVALUATION
Personnel enseignant, directrice	Septembre 2001 à mai 2002 (évaluation en milieu d'année)	1250,00 $	Évaluation en milieu et en fin d'année
Personnel enseignant, directrice	Août 2001 à juin 2002		Sondages du personnel enseignant en janvier 2001 et en juin 2002
Enseignants, tuteurs, parents bénévoles, coordonnateur RIS	Septembre 2001 à mai 2002		Journal de bord des bénévoles, horaire de tutorat, plans de leçons

(suite...)

PREMIERS PAS : TRANSFORMATION CULTURELLE DE L'ÉCOLE EN CAP

OBJECTIF MESURABLE	ACTIVITÉS
Quatrième année : **Situation présente :** 33 % des élèves de quatrième année ont obtenu une note de 78 % ou plus dans les contrôles de lecture du comté en mai 2001. **Situation souhaitée :** Au moins 50 % des élèves de quatrième année obtiendront une note de 78 % ou plus dans les contrôles de lecture du comté en mai 2002. **Situation présente :** Le rang percentile des élèves de quatrième année dans l'examen de vocabulaire Stanford 9 était de 57 % en octobre 2000. **Situation souhaitée :** Le rang percentile des élèves de quatrième année dans l'examen de vocabulaire Stanford 9 sera de 62 % ou plus en octobre 2001. **Cinquième année :** **Situation présente :** Les élèves de cinquième année ont obtenu une note moyenne de 36 dans le contrôle de lecture et de compréhension de textes administré par l'État en mai 2001. **Situation souhaitée :** Les élèves de cinquième année obtiendront une note moyenne de 37 ou plus dans le contrôle de lecture et de compréhension de textes administré par l'État en mai 2002.	6. Employer le logiciel Accelerated Reader ; faire le suivi du niveau de lecture des élèves, du pourcentage de bonnes réponses et des progrès par rapport aux objectifs de lecture individuels et ceux de la classe. 7. Fournir aux parents les ressources et les outils qui leur permettent d'aider leurs enfants à atteindre la réussite scolaire. Ces renseignements seront communiqués régulièrement par l'entremise d'ateliers par année d'études, de bulletins d'information (classe et école) et de réunions parents-enseignants. 8. Employer toute une panoplie de stratégies d'enseignement afin de cibler les aptitudes désignées par année d'études. **Méthodes d'évaluation :** 9. Développer et utiliser des méthodes d'évaluation communes (employées par tous les enseignants de chaque année d'études) selon un format normalisé et comprenant de nombreuses questions ouvertes engageant les processus mentaux d'ordre supérieur.

Outils et modèles

PERSONNES RESPONSABLES	ÉCHÉANCIER	BUDGET	ÉVALUATION
Personnel enseignant, directrice	Septembre 2001 à mai 2002	250,00 $	Rapports du programme de lecture accéléré
Personnel enseignant, directrice	Septembre 2001 à mai 2002		Suivi de la participation aux ateliers et aux réunions, guides d'apprentissage, bulletins d'information
Personnel enseignant, directrice	Septembre 2001 à mai 2002		Plans de leçons, observation en classe, fiches de commentaires des équipes et ordres du jour des réunions du personnel enseignant
Équipes par années d'études, directrice	Septembre 2001 à mai 2002 (évaluation après neuf semaines)		Plans de leçons, évaluations, contrôles de lecture du comté

PREMIERS PAS : TRANSFORMATION CULTURELLE DE L'ÉCOLE EN CAP

Plan général d'amélioration des écoles publiques de Franklin County

École : École primaire Boones Mill   **Année :** 2001-2002
Objectif 2 : Amélioration du rendement des élèves dans le domaine des mathématiques, selon les méthodes d'évaluation du district, de la Virginie et des États-Unis.

OBJECTIF MESURABLE	ACTIVITÉS
Troisième année : **Situation présente :** Les élèves de troisième année ont obtenu une note moyenne de 37 dans le contrôle d'arithmétique administré par l'État en mai 2001. **Situation souhaitée :** Les élèves de troisième année obtiendront une note moyenne de 39 ou plus dans le contrôle d'arithmétique administré par l'État en mai 2002. **Quatrième année :** **Situation présente :** 4 % des élèves de quatrième année ont obtenu une note de 70 % ou plus dans les contrôles de mathématiques Flanagan Mott en mai 2001. **Situation souhaitée :** Au moins 80 % des élèves de quatrième année obtiendront une note de 70 % ou plus dans les contrôles de mathématiques Flanagan Mott en mai 2002.	**Programme :** 1. Utiliser les guides suivants et harmoniser le programme d'études en conséquence : guides pédagogiques et normes d'apprentissage de l'État, guides de la division (programme d'études, anglais, progression maternelle-cinquième année), guides de progression par année développés par l'école. **Formation du personnel :** 2. Assister aux ateliers et cours suivants et appliquer les stratégies apprises : • Programme d'apprentissage Jean Blades Whole Body • Formation Marilyn Burns en mathématiques

PERSONNES RESPONSABLES	ÉCHÉANCIER	BUDGET	ÉVALUATION
Personnel enseignant	Septembre 2001 à mai 2002		Plans de leçons, guides de progression, formulaires de concordance du programme d'études
Personnel enseignant, directrice			Suivi de participation et rétroaction des ateliers
	20 août 2001		
	21 août 2001		

(suite...)

OBJECTIF MESURABLE	ACTIVITÉS
Situation présente : Le rang percentile des élèves de quatrième année dans l'examen de mathématiques Stanford 9 était de 53 % en octobre 2000. **Situation souhaitée :** Le rang percentile des élèves de quatrième année dans l'examen de mathématiques Stanford 9 sera de 58 % ou plus en octobre 2001. **Cinquième année :** **Situation présente :** Les élèves de cinquième année ont obtenu une note moyenne de 34 dans le contrôle de géométrie administré par l'État en mai 2001. **Situation souhaitée :** Les élèves de cinquième année obtiendront une note moyenne de 36 dans le contrôle de géométrie administré par l'État en mai 2002.	3. Développer, mettre en œuvre et évaluer des programmes d'amélioration personnelle dans le cadre des équipes de travail par année d'études, afin d'améliorer l'enseignement (et le rendement des élèves) par des activités de formation professionnelle ciblées. L'horaire global comprend des périodes hebdomadaires réservées à la planification du travail d'équipe afin de faciliter la formation continue intégrée au travail. **Enseignement :** 4. Établir et mettre en application un horaire global comprenant : des périodes réservées à l'enseignement magistral ; des cours quotidiens pour chaque élève dans les matières ou activités « spéciales » ; du temps de planification individuel et des périodes hebdomadaires pour les rencontres d'équipe du personnel enseignant. Employer le personnel de soutien pour la supervision des élèves pendant les activités culturelles afin de libérer les équipes d'enseignants pour les rencontres mensuelles entre années d'études. 5. Développer des programmes d'enseignement supplémentaire individuel ou en petits groupes pour les élèves ayant des difficultés à atteindre les indicateurs de l'année d'études pour les aptitudes essentielles.

Outils et modèles

PERSONNES RESPONSABLES	ÉCHÉANCIER	BUDGET	ÉVALUATION
Personnel enseignant	Septembre 2001 à mai 2002	1250,00 $	Évaluation en milieu et en fin d'année ; documents produits par les équipes ; sondages des enseignants en janvier et en juin
Personnel enseignant, directrice	Août 2001 à mai 2002		
Enseignants, tuteurs, bénévoles, coordonnateur RIS, directrice	Septembre 2001 à mai 2002 (évaluation après neuf semaines)		Journal de bord des bénévoles, horaire de tutorat, plans de leçons ; formulaires d'analyse des résultats

(suite...)

PREMIERS PAS : TRANSFORMATION CULTURELLE DE L'ÉCOLE EN CAP

OBJECTIF MESURABLE	ACTIVITÉS
	6. Fournir aux parents les ressources et les outils qui leur permettent d'aider leurs enfants à atteindre la réussite scolaire. Ces renseignements seront communiqués régulièrement par l'entremise d'ateliers par année d'études, de bulletins d'information (classe et école) et de réunions parents-enseignants.
	7. Utiliser des cartes-questionnaires, des logiciels et autres activités pour offrir un enseignement varié et approfondi des aptitudes et connaissances en mathématiques.
	8. Employer le logiciel Accelerated Math pour l'évaluation et l'enseignement individuels.
	Méthodes d'évaluation : 9. Développer et utiliser des méthodes d'évaluation communes (employées par tous les enseignants de chaque année d'études) selon un format normalisé et comprenant de nombreuses questions ouvertes engageant les processus mentaux d'ordre supérieur.

Outils et modèles

PERSONNES RESPONSABLES	ÉCHÉANCIER	BUDGET	ÉVALUATION
Personnel enseignant, directrice	Septembre 2001 à mai 2002		Nombre de parents présents, guides d'étude et bulletins d'information
Personnel enseignant	Août 2001 à juin 2002	250,00 $	Plans de leçons et observation en classe
Enseignants de 3e et 5e année	Août 2001 à juin 2002		Rapports du programme de mathématiques accéléré
Équipes par années d'études, directrice	Septembre 2001 à mai 2002		Plans de leçons, évaluations, résultats des élèves

Questionnaire évaluatif : planification de l'amélioration de l'école

1. Est-ce que tous les intervenants ont participé à l'élaboration du plan d'amélioration de l'école ?
   - Les enseignants y ont-ils participé ?
   - Les parents y ont-ils participé ?
   - Les représentants de la communauté y ont-ils participé ?
   - Dans les cas pertinents, les élèves y ont-ils participé ?

2. A-t-on employé des méthodes permettant d'établir un consensus quant au plan d'amélioration de l'école ?
   - Lors de l'élaboration du plan, un consensus a-t-il été atteint en ce qui concerne les opinions sur la mission de l'école, la clientèle de l'école, l'enseignement et l'apprentissage ?
   - Quel est le degré de popularité du plan ?
   - Les personnes et groupes clés se sont-ils engagés à mettre le plan en application ?

Outils et modèles

3. Est-ce que la discussion des aspects de l'école devant être améliorés se basait principalement sur l'analyse des résultats des élèves ?

    - Les résultats des élèves faisant l'objet de l'analyse ont-ils été décomposés par sujet d'études, afin que le plan puisse aborder des aspects spécifiques de l'apprentissage, plutôt que de se limiter aux aspects généraux ?

4. Lors du choix des activités et programmes à mettre en place pour l'amélioration de l'école, a-t-on consulté les travaux de la recherche pertinente ?

    - Les activités et programmes planifiés se basent-ils principalement, mais non uniquement, sur la recherche sur « l'école efficace » ?
    - A-t-on effectué des enquêtes pour mesurer divers aspects de l'école et de son efficacité, par exemple des questionnaires sur l'ambiance de l'école ou des sondages auprès des parents ?

5. A-t-on établi des cibles ou des objectifs d'amélioration précis ?

    - Ces objectifs sont-ils atteignables ?
    - Les ressources de l'école sont-elles suffisantes ?
    - Les responsabilités spécifiques ont-elles été distribuées ?
    - Les activités ou programmes font-ils l'objet d'un échéancier ?

6. Quelle est la proportion du plan d'amélioration de l'école qui porte sur l'enseignement et sur l'apprentissage ?

    - Si nous atteignons tous les objectifs du plan d'amélioration de l'école, quelles sont les chances que le rendement des élèves connaisse une amélioration significative ?

7. Des structures sont-elles en place pour le suivi des activités à long terme décrites dans le plan d'amélioration ?

    - Qui est responsable du suivi de la mise en œuvre du plan d'amélioration ?
    - Par quels moyens tiendra-t-on les enseignants et les parents au courant des développements ?

8. A-t-on planifié la célébration des succès et de l'amélioration ?

Chapitre 7

Études de cas

Ces études de cas illustrent les approches adoptées par deux districts scolaires pour entreprendre les transformations culturelles nécessaires à l'établissement d'une communauté d'apprentissage professionnelle.

Soutenir les écoles en tant que communautés d'apprentissage professionnelles : le contexte du district 191
Patricia Taylor
Les écoles publiques du comté de Frederick ont entrepris des efforts à long terme pour transformer chacun des établissements du district scolaire en une communauté d'apprentissage professionnelle. Cette étude de cas décrit leur approche et leurs activités en ce sens.

Harmonisation de l'enseignement : que voulons-nous que les élèves apprennent ? 205
Mary Ann Ranells
Un élément clé de la transformation en communauté d'apprentissage professionnelle consiste à choisir avec soin ce que les élèves doivent apprendre, puis à faire concorder le programme d'études et les méthodes d'évaluation. Cette étude de cas décrit le travail d'harmonisation du programme d'études entrepris par le district scolaire de Twin Falls, en Idaho.

Études de cas

Soutenir les écoles en tant que communautés d'apprentissage professionnelles : le contexte du district

Patricia Taylor
Surintendante adjointe à l'enseignement
Écoles publiques du comté de Frederick

Notre district scolaire se situe dans une région en transition. Le comté de Frederick, en Virginie, est situé à la limite nord de la vallée de la Shenandoah. La culture fruitière et les industries agroscientifiques représentaient auparavant ses activités principales ; aujourd'hui, le secteur des services et autres domaines découlant d'une population en croissance dominent de plus en plus l'économie. Les occasions d'emploi et d'affaires de la capitale nationale, Washington, située à une centaine de kilomètres au nord, ont fait du comté de Frederick un milieu de vie privilégié pour les familles ; avec ces familles sont venues des attentes de plus en plus grandes pour ce qui est de l'éducation fournie par les écoles publiques.

De nouveaux dirigeants se sont joints au district et les rôles de chacun ont évolué. Ces changements ont exigé un nouvel apprentissage : celui d'une culture caractérisée par la prise de décisions en collaboration, une gestion axée sur l'enseignement, des rencontres dédiées à la pédagogie tant au niveau de l'école qu'à celui de la division, la communication et l'analyse des résultats, l'harmonisation des programmes d'études, le partage des attentes scolaires entre tous les intervenants, un développement du programme lié à l'étude des méthodes et de leur efficacité et l'amélioration des résultats des élèves.

L'histoire des écoles publiques de Frederick porte en grande partie sur la réorganisation du bureau régional et de ses ressources en vue d'un meilleur soutien des établissements scolaires. Cette réorganisation a exigé une planification sérieuse de l'amélioration des écoles, puis leur transition, sur une certaine période, vers des communautés d'apprentissage professionnelles axées sur les résultats. Avec le temps, nous en sommes venus à la conclusion qu'un progrès continu et durable est tout à fait possible si un district scolaire consacre ses ressources à soutenir l'amélioration du rendement dans chaque école.

Les débuts

Il y a de cela neuf ans, notre surintendant mettait l'administration au défi de faire progresser le district scolaire au-delà de sa réputation d'organisation pédagogique « moyenne et acceptable » et d'en faire un district dont l'excellence serait appuyée par une batterie d'indicateurs de rendement. Nous visions à remonter les normes de rendement dans tout le district, en soutenant les écoles dans leur planification et leurs efforts d'amélioration. La devise « faire le suivi de ce qui nous tient à cœur » est devenue notre mot d'ordre ; nous nous sommes posé des questions difficiles, en tant que dirigeants du district, sur nos efforts passés et sur nos lacunes relativement à un tel suivi. Les questions que nous avons choisi de poser – et celles que nous avons évitées – ont su révéler bien des choses sur la qualité de notre leadership. Notre objectif était de changer la culture interne de l'organisation et nous avons accepté la responsabilité d'introduire, de guider et de soutenir ce changement.

Études de cas

Nous étions d'accord sur le fait qu'un changement significatif exigerait un bon leadership, et que le leadership du district devait donner l'exemple au reste de l'organisation. Pour encourager la participation du personnel à tous les échelons, les dirigeants étaient prêts à recréer les structures et les processus du district, en particulier pour ce qui était de l'accès aux ressources. Cette façon de faire avait l'avantage de contrecarrer les excuses de ceux qui ne voudraient pas prendre part au changement. Nous nous sommes également entendus sur le fait que le changement serait graduel et prendrait un certain temps, mais que des signes positifs devraient tout de même apparaître à court terme. Le surintendant rappelait constamment aux directeurs et aux enseignants que le changement est un processus continu, et non un événement ponctuel. On ne s'attendait donc pas à des améliorations soudaines ou spectaculaires des résultats des élèves ; on privilégiait plutôt une amélioration graduelle et continue qui remplacerait les fluctuations d'année en année et les explications qui les accompagneraient.

Les directeurs d'école ont suivi une formation d'un an qui leur donnerait les bases nécessaires pour diriger les équipes d'amélioration de leur école. Les dirigeants du district ont également suivi une formation visant une meilleure compréhension de leur rôle de soutien auprès des écoles. Une fois cette formation terminée, nous avons organisé un stage d'été d'une semaine pour les équipes principales de chaque école. Au cours de l'année suivante, chaque école a entrepris d'établir en collaboration la mission, la vision et les valeurs de l'établissement, puis de mettre au point un plan d'amélioration visant des objectifs d'amélioration précis. Au cours des premières années, l'effort des écoles pour s'orienter vers les résultats comportait des lacunes ; il en était de même pour ce qui était de cibler avec précision les efforts d'amélioration du rendement des élèves. Lors des rencontres de district et de ses visites dans les écoles, le surintendant parlait fréquemment de l'importance qu'il accordait au processus d'amélioration de l'école et au concept de l'enseignant en tant que leader. Pendant plusieurs années, cette affirmation constante était bien nécessaire, puisque les gestionnaires et les enseignants s'attendaient à voir disparaître ce nouveau programme, comme tant d'autres avant lui. Cependant, au début de la sixième année, l'amélioration des écoles et le rôle central des enseignants dans le processus étaient intégrés à la culture de l'école.

Changements à l'échelle du district

À nos débuts, nous insistions sur le fait que les résultats qui comptaient étaient ceux de l'école. D'autre part, nous savions que le personnel du district jouait un rôle important dans le soutien des établissements pour la mise en œuvre des plans d'amélioration. En fait, avec le temps, nous avons constaté que le rôle du bureau régional exigeait autant de travail que celui des directeurs d'école. Il était en effet essentiel que les directeurs d'école voient en nous le modèle de leadership que nous leur demandions d'adopter. Il devenait clair que notre réaction aux changements que nous introduisions formerait un modèle qui servirait ensuite de référence à ceux qui abordaient à leur tour des changements les affectant. Les dirigeants des différents services du district – pédagogie, transport, ressources humaines, entretien, informatique, finances et administration – ont tous suivi une formation sur l'amélioration des écoles, afin d'obtenir une bonne perspective du rôle de leur service dans le soutien des écoles individuelles. Graduellement, nous avons dévolu aux directeurs d'école une grande part des responsabilités traditionnellement réservées au bureau régional : horaire, planification et budget de la formation du personnel, communication des résultats des élèves entre les écoles, participation accrue aux décisions affectant les politiques et les programmes. En outre, les directeurs obtenaient des fonds pour réunir les équipes de planification de l'école en dehors des heures ou les libérer afin de tenir les réunions pendant les heures de travail. Nous avons apporté des modifications à de nombreuses pratiques et procédures bien enracinées et qui, selon les directeurs d'école, nuisaient aux efforts d'amélioration. On a encouragé les directeurs de département à prendre certaines libertés dans les détails administratifs lorsque cela aidait le directeur dans son travail, du moment qu'ils ne contrevenaient pas aux règles qui n'étaient pas de notre ressort et ne créaient pas d'inégalités dans le programme pédagogique.

Engagements du personnel enseignant

Dès le début, le corps enseignant nous a communiqué, de plusieurs façons, son enthousiasme pour l'amélioration des écoles. En effet, ces efforts n'amenaient pas uniquement des changements structurels : il s'agissait d'une nouvelle perspective qui garantissait une meilleure gestion des ressources en personnel des écoles.

- Les objectifs d'amélioration des écoles comprenaient une recherche des meilleurs consultants disponibles et le financement nécessaire au développement d'un excellent personnel de formation pour le district.

- Les ressources du district faisaient l'objet d'un remaniement afin d'accorder aux directeurs les fonds requis pour envoyer leur personnel à des ateliers et à des conférences sur le leadership et le développement du programme d'enseignement.

- Le programme des rencontres pédagogiques mensuelles entre les directeurs et le personnel enseignant du district a changé du tout au tout : plutôt qu'une communication à sens unique de la part du district vers les enseignants, on tenait maintenant des discussions collaboratives sur les stratégies, les problèmes et les solutions. Avant de prendre des décisions qui auraient un impact sur toutes les écoles, le district invitait chaque directeur à donner son point de vue sur la meilleure solution pour son propre établissement.

- Les superviseurs pédagogiques tenaient des rencontres avec les directeurs d'école pour discuter de la nouvelle documentation relative au programme d'études, afin de s'assurer que les directeurs comprenaient bien ces ressources avant d'entreprendre le processus d'observation et de rencontre des enseignants.

- Les comptes rendus des rencontres d'équipe de la division au sujet du programme d'études étaient communiqués aux directeurs d'école, en vue de lancer un dialogue sur les questions relatives à l'enseignement et les décisions à venir.

- Les superviseurs pédagogiques collaboraient aussi avec les directeurs d'école en participant aux entrevues avec les enseignants, afin de s'assurer que les questions clés de l'enseignement restaient au premier plan.

- Les notes de service provenant de la division devenaient moins nombreuses et reflétaient davantage l'orientation établie en collaboration.

Ces modifications dans l'exécution du leadership étaient essentielles pour le soutien de l'amélioration des écoles ; c'est également le cas pour ce qui est de l'engagement du personnel enseignant du district à respecter les cinq lignes directrices indiquées ci-dessous.

1. Communiquer activement les résultats de recherche sur les meilleures méthodes en pédagogie afin d'établir des points de repère et un vocabulaire communs pour les équipes d'amélioration des écoles.

2. Porter une attention particulière aux renseignements sur les résultats et procéder à une collecte de données dans les domaines où l'information est insuffisante.

3. Reporter la responsabilité de l'amélioration du rendement des élèves, traditionnellement dévolue au district, au leadership de l'école et à des initiatives menées en fonction des résultats.

4. Éviter de s'embarquer trop vite et de s'empêtrer dans le jargon professionnel.
5. Célébrer les succès et s'engager à comprendre comment et pourquoi ces succès ont eu lieu.

Communication des résultats de recherche sur les meilleures méthodes en pédagogie

Les superviseurs pédagogiques communiquaient déjà aux enseignants les résultats de la recherche lors de conférences, de rencontres de comité et d'ateliers, mais on a voulu pousser la discussion plus loin en adoptant trois initiatives : D'abord, on mit sur pied un cours d'études supérieures portant sur la recherche appliquée en enseignement, donné par l'un des enseignants du district et intégré au programme annuel de formation professionnelle. L'enseignant en question, ses élèves-enseignants, un représentant de l'université et la surintendante adjointe à l'enseignement développèrent en collaboration un guide de recherche pour le personnel enseignant du district. Ensuite, le district s'est associé à un organisme de promotion de la lecture pour organiser et financer un programme de « lecteurs professionnels » accompagné de moyens incitatifs pour la recertification du personnel enseignant. Dans ce programme, qui compte maintenant vingt-quatre groupes de lecture, des enseignants et des gestionnaires sélectionnent et lisent des ouvrages professionnels, ainsi que des livres destinés aux élèves, puis se rassemblent pour en discuter. Enfin, on nomma des enseignants en tant que chefs de matière dans chaque école primaire. L'équivalent des directeurs de départements dans les écoles secondaires ou les universités, les chefs de matière étaient invités à discuter entre eux et avec la direction pédagogique en dehors des réunions, par l'entremise d'un babillard électronique établi sur le serveur du district.

Porter attention aux résultats

Dans le but de mieux comprendre les forces et les besoins de notre organisation, nous avons décidé d'employer nos propres ressources informatiques. À ce moment, nous avons réalisé qu'avec l'attention grandissante portée aux résultats et à leur analyse, nous allions devoir aider nos écoles à surmonter certaines hésitations. En effet, ces résultats étaient traditionnellement accessibles surtout à l'interne ; ils allaient maintenant être connus d'un nombre de gens beaucoup plus grand, autant dans le public que dans le milieu scolaire. Par notre analyse, nous nous sommes efforcés de repérer les programmes et les méthodes efficaces, puis avons fourni les renseignements correspondants aux directeurs d'école et aux enseignants, afin qu'ils puissent en tirer des conclusions sur leur travail. Nous avons aussi proposé la création d'un nouveau poste dans le district : le coordonnateur des méthodes d'évaluation et du programme d'enseignement. Notre demande a été accueillie favorablement. Cette personne mettrait les programmes à l'essai, mais surtout, elle aiderait les écoles à récolter et à analyser des données significatives sur l'efficacité des programmes et des initiatives pour le rendement des élèves. Les directeurs avaient à analyser ces données, mais le personnel du district était responsable de rendre les chiffres disponibles et accessibles. Aujourd'hui, les données sont fournies aux écoles dans un format facilement manipulable, et les enseignants et directeurs peuvent facilement obtenir de l'aide, sur place, pour leur analyse.

Le leadership à l'échelle de l'école

À mesure que chaque directeur d'école élargissait la portée de son leadership – qui comprenait la gestion d'une équipe d'amélioration de l'école représentant tous les intervenants du milieu – les différents services du district étaient davantage vus comme des équipes de soutien aux écoles. Le personnel pédagogique du district a constaté que même les directeurs qui étaient plutôt indifférents aux propositions d'amélioration des programmes et de la formation démontraient davantage d'intérêt, agissant même parfois de façon proactive. Des équipes d'amélioration du programme d'études composées d'enseignants de chaque école furent mises sur pied pour chaque matière. Les membres de ces équipes servaient de contacts entre les équipes et les autres enseignants de leur école. Nous insistions toujours sur le fait que les programmes étaient développés par le district, mais que leur mise en œuvre était la responsabilité de l'école. Le niveau de confiance augmentant, les directeurs commencèrent à mener des projets d'harmonisation du programme d'enseignement dans leurs écoles, avec l'aide du personnel du district et de consultants externes. Ce travail d'amélioration et d'harmonisation du programme finit par attirer l'attention sur les écarts entre les élèves qui assimilaient le contenu et ceux qui n'y arrivaient pas. Au cours de notre travail sur les méthodes d'évaluation basées sur des critères, une certaine angoisse se faisait d'ailleurs sentir : l'État instaurait un programme d'examens basé sur les normes de contenu qui affectait les exigences de réussite des élèves et d'agrément des écoles. Toutefois, cette inquiétude fut aussi une source de motivation : les enseignants devaient maintenant porter attention à la structure des examens et à la valeur potentielle des résultats d'examens rédigés selon les normes. De plus, l'intérêt du public envers la quantification de l'apprentissage des élèves allait en grandissant. Des méthodes d'évaluation soigneusement choisies ou mises au point en fonction de leur concordance avec les examens de la Virginie sont maintenant employées partout dans le district. Les écoles individuelles, quant à elles, déterminent quels sont les outils d'évaluation supplémentaires nécessaires pour faire le suivi de l'apprentissage, élève par élève.

Éviter de s'embarquer trop vite ; éviter le jargon professionnel

Plutôt que de nous embarquer dans un des nombreux programmes d'amélioration des entreprises de ces dernières années, nous avons consulté la recherche du milieu pédagogique sur « l'école efficace ». Nous avons choisi d'établir un modèle d'amélioration de l'école qui resterait simple, de le lier aux initiatives de l'État et du district autant que possible, et d'éliminer les processus redondants. Nous avons également choisi d'éviter, dans nos communications, le vocabulaire ésotérique de l'enseignement, pour éviter de nous refermer sur nous-mêmes et d'exclure, notamment, les parents de nos processus. Nous fournissons maintenant un effort constant pour améliorer la communication entre les pédagogues, les élèves, les parents et les autres intervenants en expliquant les mots utilisés, puis, autant que possible, en employant la définition plutôt que le terme lui-même. Par exemple, nous demandons au personnel du district d'éviter l'utilisation de néologismes dans les documents touchant les programmes d'études ou de formation. Ces membres du personnel dirigent également la recherche de programmes et d'outils offrant des mérites à court ou à long terme.

Célébrer et comprendre les succès

Pour les leaders, il est utile de comprendre la différence entre la vantardise et le fait de parler franchement des bons résultats obtenus par leurs efforts. Cela était particulièrement vrai dans notre district, où la culture de l'organisation est caractérisée par une certaine modestie professionnelle. Les superviseurs pédagogiques privilégiaient la classe comme lieu de suivi des résultats. Ils adoptèrent donc un modèle d'encadrement qui demande aux enseignants de marquer les réussites en classe, d'identifier les raisons de ces succès, puis de partager leurs conclusions avec leurs collègues. De plus, chaque département et école composait une liste annuelle de ses succès les plus marquants et la remettait à la surintendante adjointe à l'enseignement. Encore aujourd'hui, ces succès sont diffusés tout au long de l'été sur la chaîne de télévision communautaire locale, envoyés par écrit au gestionnaire fédéral du district et présentés sur vidéocassette lors de la première réunion des enseignants, à la fin de l'été.

Études de cas

Transition du leadership : intégration des processus d'amélioration, de l'orientation vers les résultats et des caractéristiques des CAP

Dans nombre de divisions scolaires, un important changement culturel se produit lorsqu'un nouveau surintendant entre en fonction. Après sept années d'efforts, c'est ce qui aurait pu nous arriver, mais ce ne fut pas le cas : nous nous flattons de croire que les bases de communication, d'optimisme et de célébration de la réussite établies par le district formaient un panorama bien accueillant pour un nouveau dirigeant. Après une suite de discussions approfondies avec chacun des chefs de service du district et chacun des directeurs d'école, au cours desquelles les résultats et les défis du district furent disséqués, le nouveau surintendant applaudit leurs efforts et les invita à considérer avec lui la prochaine étape à suivre : établir une communauté d'apprentissage professionnelle. Il nous fit remarquer que, en améliorant nos aptitudes de planification et de suivi, nous nous préparions à approfondir un changement culturel qui se produisait déjà. Nos premiers efforts avaient consisté à faire le suivi des résultats et à considérer à la fois les questions que nous posions et celles que nous tentions d'éviter. Puis, avec le temps, nous en étions venus à privilégier les discussions professionnelles et les groupes de travail. Sous plusieurs rapports, nous nous étions déjà rapprochés du modèle de la communauté d'apprentissage professionnelle. Cependant, nous devions encore faire face à plusieurs défis :

1. Presque la moitié des directeurs d'école, des directeurs adjoints et des gestionnaires du district prendraient leur retraite dans les années à venir. Il fallait donc porter une attention particulière aux processus et à la culture en place.

2. Des documents décrivant les méthodes et les processus seraient nécessaires pour guider les nouveaux gestionnaires.

3. L'orientation vers les résultats était une zone encore plus problématique que sept ans auparavant. Les directeurs auraient donc besoin d'aide pour aider le personnel à améliorer son travail sur les résultats et à ne pas se décourager.
4. La communication entre collègues avait gagné en importance en tant que moyen de planification et de suivi des résultats.

Répondre aux défis

Au cours de sa première année en poste, le nouveau surintendant passa en revue les concepts à la base de notre planification de l'amélioration des écoles, calma les angoisses reliées au suivi des résultats d'examens de l'État et fit en sorte que les succès par rapport aux objectifs établis étaient reconnus. Au cours des rencontres administratives mensuelles, des périodes furent réservées pour discuter des lectures du personnel sur ces sujets. Lors de ses visites dans les écoles et de ses réunions avec les directeurs, le surintendant tenait des discussions sur les objectifs d'amélioration de l'école. Lors de la rencontre administrative d'été, le consultant qui avait participé aux efforts de l'école huit ans auparavant se joignit au personnel et au surintendant : ensemble, nous avons pu faire le lien entre nos efforts et les éléments de base d'une communauté d'apprentissage professionnelle. Au cours de cette rencontre, les directeurs d'école nous aidèrent à mettre au point un outil essentiel pour guider la nouvelle administration : un tableau du processus d'amélioration des écoles, mois par mois.

De leur côté, les superviseurs pédagogiques mirent en œuvre une approche d'encadrement basée sur la communication entre enseignants au sujet du processus pédagogique : planification, enseignement et réflexion. À la suite de leurs discussions avec les enseignants, ils mirent au point un guide de discussion professionnelle qui permettrait aux autres membres du personnel de lancer des initiatives semblables. Cependant, on s'aperçut rapidement que ce guide aurait de nombreuses autres applications dans une communauté d'apprentissage professionnelle. Le guide, une fois imprimé, fut remis à tous les enseignants et membres du personnel administratif. Cet outil permettait à chacun de se concentrer plus avant sur les questions essentielles de l'enseignement, peu importe son rôle : enseignant, tuteur, directeur de département, titulaire, stagiaire, superviseur ou gestionnaire. Une vidéocassette fut produite pour illustrer l'emploi des questions du guide et chaque membre du personnel suivit une formation sur ses objectifs et son emploi. Tous furent invités à participer aux dialogues.

L'un de nos projets en cours consiste à intégrer, dans le processus d'évaluation administrative, une réflexion sur les attentes en matière de leadership dans une communauté d'apprentissage professionnelle axée sur une amélioration graduelle de l'école. Un tel projet signifie à nos dirigeants qu'un bon leadership est apprécié, attendu et nécessaire pour axer nos écoles sur les résultats. Il permet en outre à tous les intervenants d'échanger sur les différentes approches au leadership.

L'expérience acquise

De l'expérience acquise au cours de nos efforts d'amélioration des écoles, deux conclusions ressortent clairement : Premièrement, les changements prennent du temps. Un certain équilibre de patience et de hâte est nécessaire pour atteindre des gains progressifs dans le rendement des élèves. Deuxièmement, les dirigeants d'un district, s'ils comptent inspirer leurs écoles à devenir des communautés d'apprentissage professionnelles, doivent être prêts à fournir un soutien qui se traduit par des moyens précis. Certains de ces moyens sont des ressources tangibles ; d'autres sont intangibles, consistant par exemple à illustrer, par son comportement, les caractéristiques de la situation recherchée.

PREMIERS PAS : TRANSFORMATION CULTURELLE DE L'ÉCOLE EN CAP

Nous croyons que le potentiel nécessaire pour mener à bien l'amélioration des écoles réside dans l'école elle-même, au sein de sa communauté professionnelle et de sa communauté au sens large, bref chez tous ceux qui ont à cœur l'intérêt des élèves. Cependant, nous croyons aussi que les services offerts par un bureau régional sont essentiels pour donner le soutien nécessaire à l'école. Comme notre surintendant aime à le rappeler à *tous ses employés,* nous avons tous en commun une raison de venir travailler chaque matin : la possibilité de contribuer à la réussite des élèves dans la maîtrise des savoirs et des aptitudes qu'on a jugés essentiels à leur apprentissage. Ces paroles nous permettent de concentrer constamment nos efforts et notre énergie et, à l'occasion, notre patience, lorsque des objectifs trop lointains ne nous permettent pas d'aider immédiatement les enfants qui comptent sur nous au jour le jour.

Ce qui avait commencé par de la formation et du soutien pour les directeurs d'école dans leurs efforts d'amélioration de chaque établissement est devenu un plan d'amélioration s'adressant à l'ensemble du district scolaire. Nous nous sommes demandé ce que nous voulions que nos élèves apprennent, puis s'ils apprenaient ce qui était essentiel, selon ce que nous avions établi. Tout en accordant l'attention nécessaire à l'enseignement et à l'évaluation de l'apprentissage des élèves, nous avons aussi conclu que nous devions réfléchir à notre propre leadership, afin de l'harmoniser à notre philosophie d'amélioration de l'école. Notre défi, encore aujourd'hui, est de nous assurer que la culture collaborative de prise de décision, d'amélioration de l'école, d'orientation vers les résultats et de discussions professionnelles se maintient à tous les niveaux de l'organisation. Les croyances et pratiques à la base de notre culture doivent être vécues et exprimées chaque jour afin que ceux qui continueront notre œuvre puissent les perpétuer et les améliorer.

Études de cas

Harmonisation de l'enseignement : Que voulons-nous que les élèves apprennent ?

Mary Ann Ranells
Surintendante déléguée des écoles publiques
Idaho Department of Education

À la fin des années 1980, le district scolaire de Twin Falls avait bonne réputation, mais son personnel n'était pas satisfait du statu quo. Le roulement du personnel de direction était élevé ; les enseignants se dévouaient au travail, mais se sentaient isolés ; un certain détachement des employés commençait à se faire sentir. Le processus de transformation en communauté d'apprentissage professionnelle commença lors de l'embauche d'un nouveau surintendant, en 1990, par un conseil d'administration désireux de soutenir son personnel et de faire évoluer le district. Tout a commencé lorsque le président du conseil s'est adressé à l'assemblée. Il fit le récit émouvant de ses premières années à l'école et de ses difficultés d'apprentissage. Il était incapable de lire et son expérience était un tourment continuel, jusqu'à ce qu'un enseignant décide de lui accorder une attention individuelle. Cet enseignant lui donna les outils qui lui permettraient d'apprendre tout au long de sa vie. De

---

*Mary Ann Ranells est l'ancienne directrice des programmes d'enseignement et de pédagogie au district scolaire 411 de Twin Falls, à Twin Falls, en Idaho.

longues années d'efforts suivirent. Après quelques échecs et de nombreuses réussites, il finit par décrocher son doctorat. Ce récit allait inspirer notre vision et nous inciter à prendre une grande responsabilité : celle de nous assurer que chaque classe serait dotée d'un enseignant qui apporterait le dévouement nécessaire à l'apprentissage et au développement de chaque élève.

Une capacité pour le changement

Appuyé et encouragé par le surintendant et le conseil d'administration, le personnel du district renouvela son engagement envers la qualité de l'éducation des élèves. Au cours des années 1990, il mit tous ses efforts à établir une capacité pour le changement. Des équipes d'enseignants et d'administrateurs entreprirent de lire des documents de recherche, d'assister à des conférences sur l'amélioration des écoles et de visiter des écoles du pays, dans le but de trouver un modèle d'amélioration qui leur conviendrait. Les membres de la communauté furent invités à participer à la rédaction d'un énoncé de mission et d'une stratégie de mise en œuvre. Un dialogue continu nous aida à cerner nos valeurs et nos croyances face à ce que nous souhaitions accomplir et sur la façon dont nous devions nous traiter les uns les autres dans le processus. La responsabilisation, le professionnalisme, la fidélité aux objectifs établis, la bonté et la détermination : ces comportements essentiels ressortaient clairement du dialogue entamé. À mesure que nous mettions en place les éléments nécessaires à notre capacité pour le changement, tant à l'interne qu'à l'externe, le travail d'équipe devint l'élément central de notre structure. Le rôle de chaque intervenant était important pour notre réussite.

Établissement d'une structure décisionnelle

En 1992, le district adoptait un système de valeurs, dressait un modèle de réussite et mettait sur pied une nouvelle structure de direction. On forma le comité de qualité des écoles : il s'agirait du principal véhicule pour la conception, la mise en œuvre et l'évaluation des initiatives d'amélioration du programme d'études. Le comité était composé de représentants des enseignants, de l'administration et des parents provenant de chaque école. Ce comité prit la direction de l'amélioration des écoles. On planifia des rencontres six fois par an. La capacité d'apprentissage de chaque enfant était l'un des principes directeurs du comité, et il avait établi que les attentes devaient augmenter. Il mettait de l'avant que des objectifs identifiables, atteignables et suivis de manière stricte étaient essentiels à tout modèle d'amélioration. En outre, le comité insistait sur le fait que le processus de prise de décisions devait être accessible à tous. Il invitait donc la contribution des enseignants, des équipes par années d'études, des parents et des comités de matière. Trois sous-comités furent bientôt formés : le comité des programmes d'études, le comité de l'enseignement et le comité des communications. Ces sous-groupes s'occupèrent dès lors des détails nécessaires aux objectifs de l'organisation.

Renforcer la responsabilité

L'établissement des fondements de notre organisation sur des croyances communes, les résultats de la recherche et les meilleures méthodes en pédagogie a exigé beaucoup de temps, une grande patience et une communication constante. Par ses efforts constants, notre personnel a su transformer graduellement une vision abstraite de l'avenir en une réalité quotidienne. William Glasser donna une formation au personnel sur la théorie du contrôle (*Control Theory*) et le district adopta ses idées en tant que philosophie de base. Après avoir visité plusieurs établissements dont l'excellence ne faisait plus de doute, le comité adoptait le modèle ODDM (*Outcome Driven Developmental Model* ou « modèle de développement axé sur les résultats ») afin de mettre en place un système de responsabilisation pédagogique dans le district. John Champlain, Jake Burks et d'autres pédagogues provenant de divers districts visitèrent Twin Falls afin de former le personnel selon la méthode *The Success Connection* (« Faire le lien avec la réussite »). Cette méthode demandait au personnel de répondre à quatre questions assez simples, du moins en apparence : Que voulez-vous obtenir ? Quelles sont les croyances à la base de ce que vous voulez obtenir ? Quelles sont vos connaissances sur ce que vous voulez obtenir dans les domaines de la recherche et des meilleures méthodes en pédagogie ? Quelles mesures prendrez-vous pour atteindre ce que vous voulez obtenir ? Après de longues discussions et beaucoup de recherche, le personnel s'engageait courageusement à atteindre les objectifs suivants :

- Développer des programmes d'études, de la maternelle à la douzième année et pour toutes les matières, qui décrivent en détail les connaissances et aptitudes requises pour chaque élève.

- Adopter les stratégies pédagogiques qui donnent le meilleur rendement scolaire.

- Concevoir un système d'évaluation de l'apprentissage afin de déterminer si les élèves ont appris ce qui leur a été enseigné.

- Employer un système de communication permettant d'informer clairement les élèves et les parents des progrès de chaque élève par rapport aux résultats visés.

La guerre de l'ODDM

Au cours de l'année 1993-1994, la « guerre » de l'ODDM fit des ravages dans le district scolaire et la communauté environnante. Le manque de clarté, de compréhension et de confiance qui régnait en regard d'un système pédagogique axé sur les résultats créa une telle confusion et un tel mécontentement qu'on avait peur de tout devoir recommencer. Néanmoins, le conseil d'administration, sans se donner de prétextes et sans recourir au renvoi de la direction, a su tenir bon. De même, le personnel tenait bon. L'administration tenait bon. Tous étaient convaincus de la valeur du projet. On entreprit donc d'organiser des rencontres dans la communauté, tant avec les organismes municipaux qu'avec des chefs d'entreprises, avec les représentants du gouvernement et avec les parents, afin de leur communiquer la vision du district scolaire : celle d'offrir à tous les élèves une éducation de qualité qui leur permettrait de réussir. Les bonnes gens de Twin Falls ont aimé ce qu'ils avaient entendu, ou du moins ils ont choisi d'être patients. La résistance qui s'opposait au travail du district scolaire diminua suffisamment pour que le personnel puisse de nouveau concentrer son énergie sur ses objectifs.

L'enseignement en évolution

En 1994, le comité de qualité des écoles choisissait une équipe d'enseignants et de gestionnaires qui serait responsable de la formation du personnel dans divers programmes : *Control Theory/Responsability*, *Cooperative Learning*, *Mastery Learning*, *ODDM* et *Learning Styles*. On réserva trois journées de formation au cours de l'été et quatre journées pendant l'année scolaire afin de donner à chaque membre du personnel l'occasion d'apprendre et de pratiquer les meilleures méthodes en pédagogie. Certains des plus grands experts américains en pédagogie nous ont apporté leur concours ; cependant, nos meilleures sessions de formation étaient celles où les enseignants et les gestionnaires donnaient eux-mêmes la formation. Il nous avait suffi d'atteindre un niveau de motivation suffisant pour que le personnel désire faire ce travail lui-même.

En même temps que les enseignants et les gestionnaires faisaient l'acquisition de ces nouvelles connaissances, ils mettaient au point un modèle pédagogique pour guider leur travail. C'est au cours de cette période que nous avons entrepris la rédaction du livret *Classroom Practices*. Avec ce document, nous visions à offrir des lignes directrices pour l'excellence de l'enseignement en classe. Parmi les sujets abordés, on retrouverait l'inclusion des élèves, la notation, les présences, les moyens correctifs, les prolongations, la discipline, les examens et les devoirs. Pour la rédaction de chacun des chapitres, le comité demandait les commentaires et l'approbation de tous les enseignants. Depuis, le livret *Classroom Practices* et le modèle pédagogique sont devenus des documents de base de la vie professionnelle du district, et les programmes de formation du personnel se sont institutionnalisés.

Normes et méthodes d'évaluation

À partir de 1995, le district s'associait au Mid-continent Regional Educational Laboratory afin de convertir les guides de programme des matières principales en documents normalisés. Après avoir passé en revue les normes et les indicateurs, les comités d'enseignants mirent au point des méthodes d'évaluation finales pour chaque année d'études en mathématiques, en sciences, en langues et en sciences humaines. Ce processus exigeait de tenir compte, en aval, des indicateurs et des objectifs basés sur l'expertise des enseignants, et en amont, des concepts, connaissances, aptitudes et processus évalués par les examens de l'État.

Cette étape de notre histoire a commencé par la formation de comités d'enseignants à l'échelle du district. Par exemple, le comité des langues réunissait des enseignants du district entier, représentant chaque année d'études, de la maternelle à la douzième année. Ce comité établit des normes d'apprentissage et des objectifs spécifiques pour chaque année d'études, ainsi que des indicateurs pour les évaluations périodiques. Le comité faisait ensuite une analyse minutieuse des sept normes qu'il comptait employer pour assurer la réussite des élèves. Selon chacune de ces normes, il établit des indicateurs annuels pour la troisième, la sixième, la neuvième et la douzième année, qui serviraient de cibles périodiques mesurant les résultats des élèves à mesure qu'ils avançaient dans le système scolaire. Puis, les enseignants d'anglais de douzième année durent répondre à deux questions précises : Premièrement, quelles connaissances pouvons-nous garantir aux élèves, par nos méthodes d'enseignement, en vue de les aider à atteindre les indicateurs de

douzième année ? Ainsi, pour chaque norme et indicateur, des objectifs d'apprentissage par année d'études furent établis. Puis, le comité discuta de la façon d'évaluer l'apprentissage par rapport à l'objectif visé. Lorsque le comité s'entendait sur le fait qu'un objectif n'était pas essentiel, il l'éliminait promptement. La deuxième question était la suivante : quelles sont les connaissances et aptitudes souhaitables des élèves provenant de la onzième année ? Les enseignants de onzième année se servirent ensuite de cette « liste de souhaits » afin d'établir des objectifs annuels et des méthodes d'évaluation qui leur permettraient d'atteindre les indicateurs. Ce processus de conception « en amont » se reproduisit pour chacune des années, jusqu'à la maternelle.

Très rapidement, nous avons constaté que nous ne pouvions pas couvrir tout le contenu souhaité. En faisant la part des connaissances obligatoires et des connaissances souhaitables, nous avons pu nous concentrer sur le contenu réellement essentiel du programme d'apprentissage. Nous y sommes parvenus en majeure partie par la préparation des examens finaux, qui exigeait l'établissement de normes, d'indicateurs et d'objectifs pour chaque année d'études. L'abandon concerté des sujets superflus fut l'un de nos plus grands défis, et il l'est encore à ce jour. Pour les enseignants, laisser tomber des sujets familiers, apprendre à bâtir l'apprentissage des connaissances essentielles tout au long de l'année et mettre en place le système de responsabilisation furent des étapes à la fois intimidantes et intéressantes.

À partir de 2000, des examens finaux avaient été mis au point et administrés dans toutes les matières de base et les cours facultatifs, de la maternelle à la douzième année, y compris un contrôle d'écriture pour chacune des années d'études. Ce processus nous a grandement aidés à harmoniser l'enseignement dans les classes de chaque année d'études, ainsi que d'une année à l'autre. Nos efforts pour améliorer le rendement des élèves ont maintenant beaucoup plus d'impact qu'auparavant, alors que nous tentions de « tout couvrir ».

Le cycle d'évaluation, d'analyse et d'action

De 1996 à 1999, les enseignants entreprirent de compiler les résultats des examens finaux et de les analyser en regard des résultats des examens de l'État. Ils ont ainsi pu identifier les forces et les faiblesses de l'enseignement, puis définir des objectifs et mettre en œuvre des plans d'action afin de combler les lacunes dans l'apprentissage des élèves. Ce cycle annuel d'évaluation, d'analyse et d'action était composé des étapes suivantes :

1. Chaque printemps, les enseignants donnaient des examens finaux dans chaque matière par année d'études, puis notaient et compilaient les résultats.

2. Dans chaque école, des équipes par année d'études analysaient et interprétaient les résultats, identifiaient les zones à problèmes, puis établissaient des objectifs d'amélioration pour l'année scolaire suivante.

3. On réunissait ensuite le personnel enseignant de chaque école pour lui communiquer les conclusions de ce travail et les objectifs établis.

4. Les enseignants, à partir de ces renseignements, établissaient des objectifs d'amélioration pour l'école. L'école communiquait ses résultats et ses objectifs au comité de qualité des écoles, qui s'en servait pour établir des objectifs d'amélioration applicables à toute l'organisation du district.

5. Puis, tous les enseignants du district tenaient des rencontres par année d'études pour analyser les résultats du district et afin d'évaluer la coordination du programme d'études.

6. Les enseignants de chaque école se réunissaient ensuite par année d'études pour analyser la mise en œuvre du programme d'études. Le conseil d'administration et l'association pédagogique de Twin Falls firent en sorte que les enseignants

obtiennent deux journées de travail supplémentaires pour l'analyse des données et l'établissement des objectifs.

Un meilleur système de communication

En 1997, les enseignants du primaire se basèrent sur le programme d'études harmonisé pour rédiger un nouveau bulletin de notes qui donnerait aux élèves et aux parents davantage de renseignements sur le rendement de l'élève par rapport aux normes.

Par exemple, pour le cours de mathématiques de sixième année, plutôt que de donner uniquement une note, les enseignants transmettent aux élèves et aux parents des commentaires sur le rendement de l'élève quant aux sujets d'apprentissage : positions numériques, fractions, décimales, approximations, résolution de problèmes, mesures, géométrie et statistiques. Ces renseignements supplémentaires permettent aux enseignants et aux parents de mieux aider les élèves dans les domaines où ils éprouvent des difficultés. Les élèves, mieux renseignés, se sentent responsabilisés face à leur propre apprentissage. À mesure que chaque élève progresse d'une année à l'autre, il perçoit que son apprentissage au cours de l'année a des conséquences réelles sur son niveau de réussite l'année suivante. Il est alors en mesure de voir le lien d'une année à l'autre, souvent pour la première fois, et cette continuité lui donne une meilleure confiance en lui pour ce qui est de la stabilité de ses résultats. Lors de l'encadrement de l'élève, l'enseignant est davantage en mesure de lui indiquer quels sont les domaines où les résultats sont satisfaisants et ceux où ils ne le sont pas.

Stratégies d'intervention

Lorsque le district a choisi de faire du rendement des élèves sa priorité, il était clair qu'il devrait fournir de l'aide aux élèves qui avaient des difficultés d'apprentissage pour ce qui était du contenu établi. Une investigation de la recherche sur la pratique consistant à faire redoubler les élèves ou à les faire sauter une année a pu établir que ces méthodes avaient peu d'effets tangibles, sinon aucun. Nous avons donc décidé de mettre à l'essai des stratégies d'intervention telles que des programmes de tutorat à la fin de la journée scolaire, des cours d'été et des sessions d'enseignement dirigé en petits groupes. Nous en sommes encore à l'analyse de ces différents moyens d'intervention et de leurs mérites respectifs. Cependant, nous constatons déjà qu'il s'agit de l'une des forces majeures de nos efforts d'amélioration des écoles à ce jour.

Renouvellement des stratégies et des engagements

En 1997, nous avons entrepris de faire une mise à jour de notre stratégie de mise en œuvre. Au cours de l'année scolaire, cinq groupes de discussion composés de membres de la communauté furent formés pour passer en revue notre première stratégie de mise en œuvre, les résultats obtenus et ce qui restait à accomplir. Ces équipes de discussion représentaient divers groupes de la communauté : monde des affaires, gouvernement, groupes religieux, établissements d'études post-secondaires, associations de retraités, et ainsi de suite. L'année suivante, nous réunissions cinq groupes de discussion composés d'intervenants du district scolaire afin d'entamer le même processus. Ce deuxième groupe comptait des enseignants, des élèves, des gestionnaires, des aides-enseignants, du personnel de bureau, des concierges et des employés des services d'alimentation. Une fois l'ébauche de document rédigée, tous les participants des groupes de discussion en reçurent une copie pour examen. Une dernière session de travail permit de réviser et de parachever le document. La nouvelle stratégie de mise en œuvre fut ensuite présentée au comité de qualité des écoles. Les membres du comité présentèrent le document au personnel de chaque établissement pour examen et acceptation, puis au conseil d'administration pour approbation. Une fois de plus, nous avons constaté que le document lui-même avait une importance secondaire par rapport au processus, c'est-à-dire le dialogue en profondeur sur l'avenir du

district auquel avaient participé tous les intervenants pendant deux années. Notre nouvelle stratégie de mise en œuvre se concentrait principalement sur les aspects suivants :

1. Augmenter la responsabilisation de l'apprentissage et du rendement des élèves.
2. Établir un programme strict basé sur des normes d'apprentissage bien définies.
3. Multiplier les occasions d'apprentissage pour mieux répondre aux besoins pédagogiques de tous les élèves.
4. Améliorer la communication avec les employés et la communauté.
5. Inviter les parents et la communauté à participer aux activités du district et au processus de prise de décisions.
6. Garantir un environnement d'apprentissage offrant aux élèves la sécurité physique, la sécurité émotive et la compréhension nécessaires à leur développement.
7. Renforcer les aptitudes au civisme qui permettront aux élèves de contribuer à part entière à la société.

Fait étonnant, ces objectifs étaient très semblables à ceux de notre première stratégie. Le message des intervenants était clair : maintenez le cap !

Résultats

Selon tous les résultats disponibles – examens ITBS et TAP, contrôles d'écriture et de mathématiques de l'État, examens SAT et ACT, examens finaux du district, programme Waterford, notes et autres résultats en classe – il semble que les efforts du district pour améliorer le rendement des élèves ont été fructueux. Par exemple, une comparaison entre les résultats de tous les élèves du district dans les examens ITBS et TAP pour les années 1995 et 1999 révèle une amélioration significative. Une de nos écoles peut se targuer d'avoir obtenu, en 1999, des notes moyennes dans le 92e percentile pour les troisième, quatrième et cinquième années, et dans le 84e percentile pour la sixième année. Une autre de nos écoles primaires a obtenu une amélioration de 40 % dans le contrôle d'écriture de l'État. De plus, selon le suivi des résultats des élèves de sixième année de 1999 en mathématiques, leur rendement s'est amélioré de façon continue au cours des années. Ces mêmes élèves, en troisième année en 1996, obtenaient des notes dans le 56e percentile ; en 1997, en quatrième année, ils se plaçaient dans le 68e percentile ; en cinquième année, ils étaient dans le 71e ; cette année, en sixième, ils ont atteint le 86e percentile. Auparavant, seuls 38 % des élèves de nos écoles secondaires alternatives réussissaient le contrôle d'écriture de onzième année ; en 1999, leur niveau de réussite était de 88 %. Le nombre d'élèves de sixième année admissibles aux cours avancés de mathématiques en septième année a doublé. En lecture, le niveau de nos élèves du primaire est le plus élevé par rapport à celui de neuf autres grands districts scolaires de l'État.

L'expérience acquise

Le cheminement nécessaire pour offrir une éducation de qualité à chaque enfant n'est pas de tout repos. Nous avons, encore aujourd'hui, des débats orageux sur des sujets qui remettent en question notre système de croyances. Nos accomplissements ne sont ni innovateurs, ni prestigieux. Il s'agit simplement du résultat d'un travail acharné et parfois difficile. Il ne nous est pas toujours facile de garder nos priorités au premier plan. Il y a toujours des personnes ou des organisations qui nous promettent des solutions miracles. Nous sommes parfois tentés d'embarquer dans une nouvelle entreprise prometteuse, mais nous savons que là n'est pas la solution. Nous n'avons reçu aucune subvention ni aucun financement particulier pour réaliser nos initiatives. En fait, l'argent ne suffit jamais à accomplir ce genre de travail. Pour ce qui est des dépenses par élève,

Twin Falls est au 100e rang sur 112 districts scolaires. Les élèves de nos écoles parlent 27 langues différentes, 40 % des élèves sont inscrits au programme de déjeuner, et la participation des parents, ou plutôt le manque de participation, est un réel problème. La communication, encore aujourd'hui, compte parmi nos défis et il arrive que cette lacune entrave notre collaboration. Malgré toutes ces difficultés, nos mentors nous ont appris à persévérer, à avoir la tête dure et à ne jamais perdre de vue notre cible. Nos élèves ont augmenté leur rendement scolaire. C'est ce que nous voulions obtenir. C'est ce que nous avons accompli. C'est ce que nous continuerons de faire.

Bibliographie

BENNIS, W., et NANUS, B., *Leaders: The strategies for taking charge*, New York, Harper and Row, 1985.

COVEY, S., *The seven habits of highly effective people: Restoring the character ethic*, New York, Franklin Press, 1989.

DRUCKER, P., *Managing for the future: The 1990s and beyond*, New York, Truman Talley Books, 1992.

DRUCKER, P., « Not enough generals were killed », *in* F. Hesselbein, M. Goldsmith, et R. Beckhard, éd., *The leader of the future*, pp. xi-xv, San Francisco, Jossey-Bass, 1996.

DUFOUR, R. (1997a), « Make the words of mission statements come to life », *Journal of Staff Development*, 1997, 18 (3), pp. 54-55.

DUFOUR, R. (1997b), « Moving toward the school as a learning community », *Journal of Staff Development*, 1997, 18 (1), pp. 52-53.

DUFOUR, R. (1997c), « Seeing with new eyes », *Journal of Staff Development*, 1997, 18 (4), pp. 52-53.

DUFOUR, R., et EAKER, R., *Professional learning communities at work: Best practices for enhancing student achievement*, Bloomington, Indiana, National Educational Service, 1998.

FRANKL, V., *Man's search for meaning*, New York, Pocket Books, 1959.

GREENLEAF, R., *Servant as leader*, Indianapolis, Indiana, Robert Greenleaf Center for Servant Leadership, 1982.

JAMES, J., *Thinking in the future tense*, présentation inaugurale, congrès annuel du National Staff Development Council, Vancouver, Colombie-Britannique, décembre 1996.

KOTTER, J., *Leading change,* Boston, Harvard Business School Press, 1996.

SARASON, S., *Revisiting the culture of the school and the problem of change,* New York, Teachers College Press, 1996.

SCHMOKER, M., *Results: The key to continuous school improvement,* Alexandria, Virginia, Association for Supervision and Curriculum Development, 1996.

Premiers pas : transformation culturelle de l'école en communauté d'apprentissage professionnele et le National Educational Service

La mission du National Educational Service consiste à fournir aux pédagogues des ressources de travail éprouvées et fiables leur permettant de bâtir des écoles, des organisations et des communautés favorisant la sécurité, la compréhension et la réussite pour chaque enfant. *Premiers pas : transformation culturelle de l'école en communauté d'apprentissage professionnelle* est l'un des nombreux ouvrages et programmes de formation offerts par le NES pour le développement d'une communauté solidaire et humaine. Pour toute question ou pour nous transmettre vos commentaires, ou encore pour nous faire parvenir un manuscrit pour publication, veuillez communiquer avec nous à l'adresse ci-dessous ou rendez-vous sur notre site Web au :

www.nesonline.com

Programmes de formation professionnelle :

Bullying Prevention (Prévenir l'intimidation)
Effective Parenting (Le rôle des parents)
Creating Professional Learning Communities (Établir une communauté d'apprentissage professionnelle)
Building Cultural Bridges (Sensibilisation culturelle)
Discipline With Dignity (Discipline et dignité)
Ensuring Safe Schools (Pour la sécurité des écoles)
Managing Disruptive Behavior (Gérer les comportements difficiles)
Reclaiming Youth at Risk (Aider les jeunes en difficulté)
Teaching Self Control (Enseigner la maîtrise de soi)

National Educational Service
304 W. Kirkwood Avenue, Suite 2
Bloomington, IN 47404-5132
(812) 336-7700
1 800 733-6786 (sans frais)
Télécopieur : (812) 336-7790
Courriel : nes@nesonline.com
www.nesonline.com

NEED MORE COPIES OR ADDITIONAL RESOURCES ON THIS TOPIC?

Need more copies of this book? Want your own copy? Need additional resources on this topic? If so, you can order additional materials by using this form or by calling us toll free at (800) 733-6786. Or you can order by FAX at (604) 608-3820, or visit our website at www.nesonline.com.

Title	Price*	Quantity	Total
Premiers pas : Transformation culturelle de l'école en communauté d'apprentissage professionnelle	$ 29.50		
Getting Started: Reculturing Schools to Become Professional Learning Communities	29.50		
Through New Eyes: Examing the Culture of Your School	249.50		
Let's Talk About PLC: Getting Started (video)	299.50		
Établir une communauté d'apprentissage professionnelle (vidéo)	36.50		
How to Develop a Professional Learning Community: Passion and Persistence (video)	36.50		
Professional Learning Communities at Work (video set)	695.50		
Communautés d'apprentissage professionnelles méthodes d'amelioration du rendement scolaire	37.50		
Professional Learning Communities at Work (book)	37.50		
Please add 7% GST plus provincial tax where required		TAX	
		SUBTOTAL	
		SHIPPING	
Please include 5% of order total. Outside Canada, please call (800) 733-6786.			
		HANDLING	
Canada: Please add $6. Outside Canada, please call (800) 733-6786.			
		TOTAL	

*Price subject to change without notice.

❏ Cheque enclosed (Payable to National Educational Service Canada Inc.)
❏ Purchase order enclosed
❏ VISA, MasterCard, Discover/Novus, or American Express (circle one)

Credit Card No._____ Expiry Date_____
Cardholder Signature _____

SHIP TO:
First Name_____ Last Name_____
Position _____
Institution Name_____
Address_____
City_____ Province_____ Postal Code _____
Phone_____ FAX_____
E-mail _____

National Educational Service Canada Inc.
P.O. Box 3250
Mission, B.C., Canada, V2V 4J4
Toll-Free: (800) 733-6786 • FAX: (604) 608-3820
www.nesonline.com

BB00156

Brian Fleming Research & Learning Library
Ministry of Education
Ministry of Training, Colleges & Universities
900 Bay St. 13th Floor, Mowat Block
Toronto, ON M7A 1L2